幼稚園、保育所、認定こども園対応

子どもの育ちが見える
「要録」作成のポイント

神長美津子・阿部和子・大方美香・山下文一 著

中央法規

はじめに

　情報技術の飛躍的な進化を背景に、グローバル化の進展や人工知能の急速な進化が人の生活や仕事に変化をもたらすなど、日本の社会は確実に予測困難な時代を迎えていくといわれています。「これからの時代、学校で何を教えるべきか」の問いに、中央教育審議会答申（平成28年12月）は、これからの学校教育において育成すべき資質・能力の三つの柱として、「知識・技能の習得」「思考力・判断力・表現力等の育成」「学びに向かう力・人間性等の涵養」を示しました。こうした資質・能力は、幼児教育の段階から高等教育の段階まで一貫して、各学校段階間の連携を深めつつ、じっくりと育んでいくことが必要です。特に、幼児教育から小学校教育に移行する段階では、教育の計画や内容・方法の考え方が経験カリキュラムから教科カリキュラムへと変わるため、幼児教育において育んできた資質・能力をいかに小学校教員に伝え、小学校低学年の指導内容や方法の工夫に活かしてもらうかが重要なことから、「幼児期の終わりまでに育ってほしい姿」を示しました。

　さて、「要録」の作成にあたっては、こうした学校教育改革の方向を見据えて、子どもたちのなかで育ちつつある資質・能力を、次の指導者にいかに適切に伝えていくかを考えていかなければなりません。このため本書は、二つの視点を重視して内容を構成しました。第一は、日々の保育の延長に「要録」の作

成があることであり、第二は、遊びの中で芽生えている資質・能力を「幼児期の終わりまでに育ってほしい姿」を活用して、小学校教員にわかりやすく伝えていくことです。

　第1章「新要領・指針でここが変わった！―『要録』の意味と改正のポイント」では、「要録」の役割等の基本的性格を解説しています。第2章「『要録』作成の手順とポイント」では、日々の保育の延長に「要録」の作成があることを述べています。第3章「育ちつつある姿の書き方―保育の5領域と『幼児期の終わりまでに育ってほしい姿』を意識して」では、幼児教育で育まれてきた資質・能力をいかに伝えていくかを述べています。第4章「小学校との連携での『要録』の活かし方」では、「要録」を活用し、子ども一人ひとりの発達や学びの連続性をつなぐための小学校との連携のあり方をまとめています。

　「要録」の作成をする幼稚園、保育所、認定こども園の保育者の皆さんが、子どもたちの未来のために、本書を広く活用されることを願っています。

平成30年10月
著者を代表して
神長美津子

幼稚園、保育所、認定こども園対応
子どもの育ちが見える
「要録」作成のポイント

contents

はじめに

第1章 新要領・指針でここが変わった！
― 「要録」の意味と改正のポイント　　神長美津子・阿部和子

「要録」の役割………10
1　「要録」とは………10
2　「要録」の役割………11

「要録」の記入内容
― 子ども理解に基づいて育ちをとらえ評価する………13
1　日常の保育の延長に「要録」がある ― 子ども理解の大切さ………13
2　子ども理解を深めるために記録がある………16
3　記録の振り返りから育ちをとらえる………17
4　育ちの記録を評価するということ………19

「要録」の基礎知識と記入のポイント
― 平成30年改正内容をふまえて………20
1　改正の経緯………20
2　それぞれの要録の基礎知識と記入のポイント………21
- 幼稚園幼児指導要録………21
- 保育所児童保育要録………28
- 幼保連携型認定こども園園児指導要録………34

第2章 「要録」作成の手順とポイント

神長美津子・阿部和子

「要録」作成までの3つの手順 ………… 40
Step ❶ 日々の保育を記録する ………… 42
Step ❷ 1年間の保育記録を振り返る ………… 46
Step ❸ 要録にまとめる ………… 48

第3章 育ちつつある姿の書き方
— 保育の5領域と「幼児期の終わりまでに育ってほしい姿」を意識して

大方美香

子どもの育ちつつある姿を意識する ………… 56
ケーススタディ1：ままごと遊びをする姿を見て ………… 62
ケーススタディ2：絵本の読み聞かせでの姿を見て ………… 66

Column
「幼児期の終わりまでに育ってほしい姿」（10の姿）の具体的な視点 ………… 70

contents

第4章 小学校との連携での「要録」の活かし方

山下文一

幼児教育と小学校教育の接続と「要録」………… 74
   1 幼児教育と小学校教育の接続の重要性 ………… 74
   2 幼児教育と小学校教育の接続の課題と「要録」………… 76

「要録」を活かした幼児教育と小学校教育の接続 ………… 78
   1 「要録」を児童一人ひとりの指導や学級経営に活かす ………… 78
   2 「要録」をスタートカリキュラムに活かす ………… 80

特別な支援の必要な子どもをつなぐ ………… 82
   1 引き継ぎシートの目的 ………… 82
   2 各種様式の役割 ………… 83

資料

- 幼稚園及び特別支援学校幼稚部における指導要録の改善について（通知）………… 86
- 保育所保育指針の適用に際しての留意事項について ………… 100
- 幼保連携型認定こども園園児指導要録の改善及び認定こども園こども要録の作成等に関する留意事項等について（通知）………… 109

　　おわりに

第1章

新要領・指針でここが変わった!
－「要録」の意味と改正のポイント

「幼稚園教育要領」「保育所保育指針」「幼保連携型認定こども園教育・保育要領」の告示（平成29年）にともない、「要録」も改正されました。
そこで、「要録」がどのように変わったのかを、改正の主旨に沿って解説します。

「要録」の役割

1 「要録」とは

　要録は、1年間の保育（指導）の過程（以下、「保育の過程」と表記）および結果の要約を記録したものであり、子どもについての保育・指導の継続性を図るために作成します。次の学年や小学校の指導者にとっては、新しい環境のなかでその子どもへの保育や指導を考える手がかりとなります。

　このため、要録作成にあたっては、次の指導者がその子どもに関する適切な指導を具体的にイメージできるように考えて作成します。いわば、次の指導者へのメッセージです。指導者のどのようなかかわりがあれば、子どものもつよさや可能性が発揮されていくのかを記入していきます。

　しかし、例えば「おとなしく、自分から保育者や友だちに話しかけることは少ない」といった子どもの性格や行動傾向を書くことにとどまっている現状があります。行動傾向に対し、保育者としてどうかかわってきたかなど、保育の過程の記述がないため、次の指導を考える際の手がかりになっていないケースも多いようです。

　保育の過程や結果を書き記すためには、1年間の保育記録を読み直し、自分自身はどのような保育をしてきたのか、その子どもはどのような変容をしてきたかなど、その概要をつかむことが必要です。つまり、どのような発達の状況にあるのかとともに、保育の過程を書くことにより、次の指導者はその子どもへのかかわりの手立てを具体的に考えられるようになるのです。

　なお、要録作成の責任者は園長ですが、作成はクラス担任がおこない、園長が確認することになります。

　要録には幼稚園、保育所、幼

保連携型認定こども園ごとにそれぞれの様式があり、名称は「幼稚園幼児指導要録」「保育所児童保育要録」「幼保連携型認定こども園園児指導要録」と示されています。

「幼稚園幼児指導要録」「幼保連携型認定こども園園児指導要録」は園児の学籍ならびに指導の過程とその結果の要約を記録し、その後の指導および外部に対する証明等に役立たせるための原簿となります。「保育所児童保育要録」は保育所と小学校との連携の観点から、市町村の支援のもとに、子どもの育ちを支えるための資料として、保育所から小学校に送付するものです。

幼稚園、幼保連携型認定こども園においては、「学籍に関する記録」は外部に対する証明になります。また「指導に関する記録」は、毎学年記入します。保育所は、子どもの育ちを支えるための資料として、小学校との連携を目的に5歳児のみ記入します。

このように、呼び方や位置づけなどに多少の違いはありますが、子どもの育ちの姿を伝え、次の指導につなぐという大きな役割に変わりはありません。

「要録」の役割

一人ひとりの子どもの園での生活や遊び、そのなかで育まれた子どもの資質・能力を適切に引き継ぐことは、次の学年や小学校での生活を円滑にスタートするための一助になります。

これまでの要録では、その内容が小学校に伝わりにくいという課題がありました。小学校以上の「教科」の考えと幼児教育における「領域」の考えの違いで、生活や遊びを通しておこなう保育というものが伝わりにくかったということです。

また、要録を書く目的や書き方、特に子ども理解に基づいた内容などが、保育現場において確かなものとして共有されていなかったという側面もありました。同時に、小学校での要録の活用にも多少の不安がありました。

幼児期の教育から小学校教育への移行は、大人の側から見ると一過性のことであり、あたり前のことのように思います。しかし、移行をする当事者の子どもの側に視点を当てると、その生活には大きな変化が起こることになります。

まず思いつくこととして、生活をする場所が変わります。一緒に生活する先生や友だちが変わり、新たな関係をつくっていかなくてはなりません。また、そこで使われる言葉、例えば「筆記用具」「放課後」のような、これまでの園生活では聞きなれない言葉がたくさん出てきます。40分または45分を一単位とした時間割に基づいた学習が求められ、学びは教科に分かれ、教科書が登場します。一日の過ごし方が大きく変わり、子どもの感覚からするとその自由度も制限されます。ある子どもは、思うように動けずじっと机に座っていることを「学校で、ぼく、石になる」と

言いました。小学校の生活に慣れるための精一杯の努力を、そのような言葉で表現したのです。
　このように急激な生活の変化を子どもが一人の力で、小学校側の配慮だけで乗り越えていけるほどに成長・発達しているとは言いがたく、うまく対応していくためには、幼稚園・保育所・認定こども園なども含めた周囲の相当な配慮が必要になります。
　「石」ではなく、一人の生き生きした感覚をもつ子どもとして、ゆるやかに新しい生活に移行していける手立てを小学校側が考えるための資料が要録なのです。一人ひとりの子どもが安心して新しい場所で、新しい生活をスタートさせることができるように、これまでの園での指導のあり方や育ちの姿を伝え、次の指導者がその子どもにより適した指導をするために要録があるのです。

「要録」の記入内容
― 子ども理解に基づいて育ちをとらえ評価する

1 日常の保育の延長に「要録」がある
― 子ども理解の大切さ

　要録は、年度終了時に記入しますが、日常の保育と切り離して書くものではなく、日常の保育の延長にあるものです。

　子どもは毎日の生活や遊びの具体的な出来事のなかで、発達に必要な経験をしていきます。この日々の具体的な子どもの姿を記録し、1年間を振り返り、その姿のなかに育ちつつある資質・能力を確認し、それを記録したものが要録です。それは次の指導者がその子どもにふさわしい生活を考える手がかりとなります。この意味で日常の保育記録の集積の延長に要録があるのです。

　保育は、子ども一人ひとりの心の動きに応じながら、そのよさや可能性を伸ばしていく営みですから、子ども理解は欠かせません。「保育は、子ども理解に始まり、子ども理解に終わる」と言っても過言ではありません。指導計画の作成においては、子どもの発達を理解したうえで、具体的なねらいや内容を設定し、具体的な環境の構成をして、子どもたちの主体的な活動を確保していくようにします。

　具体的な保育の展開では、子どもたちはその環境とかかわってさまざまな活動を生み出します。そのため保育者には、その状況に沿って、子ども一人ひとりの発達の特性に応じた対応をしていくことが求められます。

　つまり、保育者には、子どもの理解に基づいて指導計画を立てること、具体的な保育の展開のなかで、子どもたちが生み出したさまざまな活動に見通しをもち、寄り添っていくことが求められるのです。

　こうした一連の保育の流れのなかで、立ち止まって保育を振り返るポイントとして記録があります。記録することで一人ひと

りの子ども理解がさらに深まっていく事例を紹介します。

> 鬼遊びなど、簡単なルールのある遊びをくり返し遊ぶようになった4歳児クラスで、保育者は色鬼を提案しながら、一定のルールのもとでの遊びを楽しめるようにしました。
> 鬼になっても、駆け引きがうまくいかずいつまでも鬼のままの子どももいるので、保育者は一緒に鬼になったり、追われる役になったりして臨機応変に接し、ルールを知らせ、駆け引きをしながらみんなで楽しむ雰囲気をつくってきました。
> ところが、突然「やりたくない！」と、Aが言いました。ルールはよくわかっていて、捕まらないように一生懸命逃げていたAでした。保育者は、その場では「やりたくない！」というAの言葉をそのまま受け止めていましたが、保育終了後に保育記録を書くなかで、Aのその言葉が気になりました。以前のいす取りゲームのときも、同じような場面があったからです。
> 2つの記録を読み返しながら、ルールの理解はよくできるAですが、ワクワクドキドキしながら遊ぶことが苦手であることに気づきます。むしろ、ルールの理解ができるからこそ、「鬼になって一人ぼっちになったらどうしよう」と思ってしまうのかもしれません。記録を通して、改めてAの思いにふれ、子ども理解を深めることができました。

具体的な保育の展開のなかでは、保育者は計画どおりに保育を進めていくというよりは、むしろ、子どもたちの活動の様子を見ながら、そのなかで子ども自らが発達に必要な経験を積み重ねていけるよう援助を重ねていくことになります。

ときには、予想外の子どもの活動に直面し、ハッとしながらもその子どもの思いに寄り添う援助が必要になりますが、記録を書きながら自分の援助を振り返ることで、改めてその子どもへの理解を深めていくことができるのです。

子ども理解を深めるためには、温かな関心をもって子どもの活動を見守ることが大切です。子どものすることは、ときに大人の目から見ると理解できないこともあります。保育者は、期待をもって子どもと接することは大切ですが、同時に子どものやっていることに温かな関心をもって見守る姿勢が必要です。

特に、幼児期の子どもは、まわりの人たちが自分をどう受け止めているかに敏感ですから、その子どもなりの取り組みをしっかりと受け止めていくうちに、安心して自己発揮するようになります。このような子ども理解を日々記録に残して、保育者のかかわりや指導を考える積み重ねが要録へとつながっていくことを把握しておく必要があるでしょう。

図表1-1 保育実践における子ども理解と要録の関係

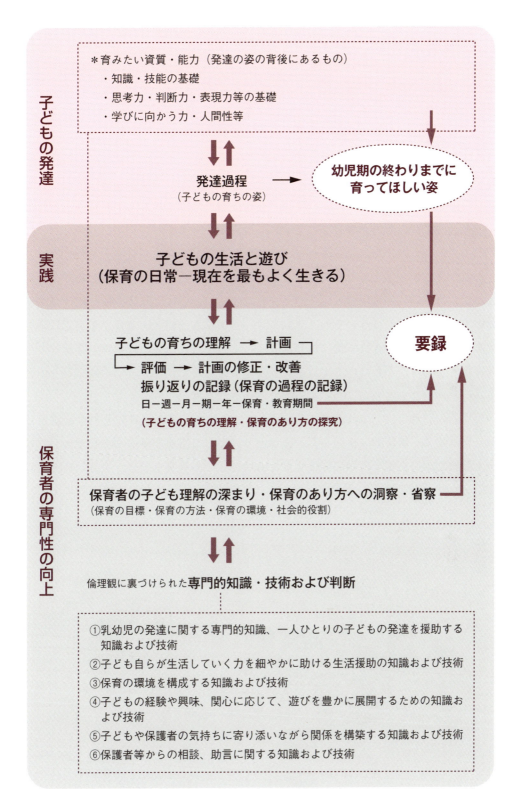

2 子ども理解を深めるために記録がある

　子どもは、実現したいと思っていることをうまく言葉にすることはできません。たとえ、思いや表情、動き、行動で表現していても、大人にはなかなか理解できるものではありません。前述の「色鬼遊びをやりたくない」と言ったAの思いに気づいたのも、記録しながら継続して見てきたからです。

　具体的な保育の展開では、目の前の子どもたちの動きや思いに沿って、瞬時に対応していくことが求められます。子どもたちが生活のなかで学ぶためには、偶然起こった出来事を活かしながら、発達に必要な経験を保障することが大切で、それには保育者の瞬時の対応が必要なのです。

　取っ組み合いのけんかが始まれば、それぞれの立場や発達の時期、まわりの子どもたちがそこから学んでいることなどをふまえて対応していかなければなりません。しかし、その場にいる保育者は「考えて行動する」というよりは、瞬時に「身体が動いている」ことのほうが多いと思います。必ずしもその対応がうまくいくわけではありませんが、保育終了後に振り返ることで、子どもたちの姿を思い浮かべつつ、保育者としてのかかわりの不十分さを反省することができます。この振り返りの蓄積は、次の子どもとのかかわりの場面で活かされます。

　担任の保育者には、主体的な活動を通して、子ども自らが発達に必要な経験を重ねていけるよう継続的に援助し、一人ひとりに応じた指導をすることが求められます。そのために必要なのが記録です。保育者としての資質を磨き、書きためた保育記録を振り返ることで、子ども一人ひとりへの理解に沿った援助ができるのです。

記録の振り返りから育ちをとらえる

　日々の記録に何げなく書きとめてきたことも、集積した記録を振り返ることで、改めてその子どもの内面の揺れ動きや葛藤に気づかされることがあります。その際、「なぜ、そうなのか」「その行為の背景にあることは何か」を推察しながら、子どものものや人とのかかわりの変化を見出して、その子どもの「育ち」をとらえることが大切です。

　例えば、はじめての集団生活が安定してきた3歳児の姿に、一緒に遊びたいがゆえの行動なのに「友だちの遊びのじゃまをする」というマイナスの行動としてあらわれることがあります。おそらく保育者は、はじめは「友だちの遊びのじゃまをする」という行為を制止すると思います。しかし、記録を通しての省察から、その子どもの内面の揺れ動きや葛藤を深く理解できれば、行動を制止するだけではなく、友だちの遊びのじゃまをする子どもの立場に立って、自分の気持ちを伝えることへの援助をするようになるでしょう。

　それは、記録を通して、今までの自分一人の世界とは異なり、まわりで起こっている「こと」や、ほかの子どもが遊んでいる「遊び」、まわりにいる「友だちの遊び」が気になりだしているという変化から、「友だちの遊びへの関心が芽生えてきた」という、人間関係の育ちの姿を読み取ることができるからです。

　こうした記録の読み取りにおいては、「多くの人の目」で子どもを見ることが必要です。同じ記録をもとに、ほかの保育者と話し合うことで、異なる視点も知り、子ども理解を深めていくことができます。

　担任がすべての子どもを理解しているわけではありません。例えば、担任の立場からすると気になることが多い子どもでも、隣のクラスの保育者はその子どものよさがわかることもあります。また、その逆もあります。保育者同士の協力体制をつくり、「多くの人の目」で子ども理解を深めたいものです。

　さらに、子どもの育ちをとらえるうえで大事にしたいのは、「長い目」で育ちをとらえることです。園では、5歳児は大きく見えます。入園当初はできないことがたくさんあったのに、次第に解消し、園生活のほとんどが「ひとりでできる」ようになります。しかし、これからの小学校以降の生活や学習、さらにその先を考えると、ようやく集団生活でひとり立ちができるようになってきた5歳児なのです。

　むしろ、5歳児のなかに芽生えつつあるものに関心を寄せながら、「長い目」で子どもの成長を見守る姿勢が必要です。

　今回の要領・指針の改正では、18歳までに身につけたい資質・能力を見通して、幼児教育において育みたい資質・能力が示されました。これらをふまえ、「幼児期

の終わりまでに育ってほしい姿」が明らかになりました。

　最終年度の要録を作成する際には、「幼児期の終わりまでに育ってほしい姿」の視点からみて、18歳までに身につけたい資質・能力を見通し、ようやく5歳児のなかで芽生えているものに焦点を当てます。そして、それがどのような園生活のなかで芽生えているのか、あるいは育ちつつあるのかの記載が求められていることに留意する必要があります。

　その際、「幼児期の終わりまでに育ってほしい姿」を到達度的にみるのではなく、5歳児から小学1年生になっていくひとつの通過点の姿としてとらえる必要があります。例えば、「協同性」では、「友達と関わる中で、互いの思いや考えなどを共有し、共通の目的の実現に向けて、考えたり、工夫したり、協力したりし、充実感をもってやり遂げるようになる」と記されています。

　この「充実感をもってやり遂げるようになる」という表現には、友だちと共通の目的に向かい、協同する気分を楽しむ姿があります。これからの学校教育においては、ほかの子どもと協同的な人間関係を築きながら、課題を解決していく資質・能力を培うことが求められています。まさに、5歳から小学1年生では、その基盤づくりとして、人とかかわりながら目的に向かっていく気分を楽しむことが大切なのです。

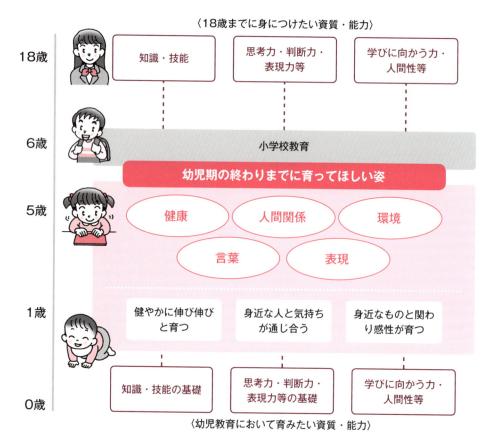

育ちの記録を評価するということ

　要録の作成に際しては、教育における評価の基本的な考え方を理解しておくことが必要です。

　評価というと、一定の規準に照らして優劣を決める成績表をイメージしがちですが、本来、教育における評価はそうではありません。よりよい教育を実現していくためには適切な評価が必要であり、適切な評価によってはじめてよりよい教育が実現していきます。

　教育における評価では、子どものよさや進歩の状況を積極的に評価したり、学習の過程や成果を評価することで、指導の改善や学習意欲の向上を図ることが重要です。特に、乳幼児の教育においては、指導の過程の振り返りから、子どものよさや可能性を把握し、次の保育に活かしていくことが必要なのです。したがって、保育者に求められるのは、教育における評価とは何かを明確にして、適切な評価をするために工夫することです。

　このため、園における一連の教育・保育活動における子どもの発達状況を評価することが、次のよりよい保育につながるものとして重要であり、そのために評価の方法を工夫することが必要です。こうした評価の考え方について、幼稚園教育要領では、次のように示されています。保育所保育指針でも、ほぼ同様の内容が記されています。

第1章 総則　第4 指導計画の作成と幼児理解に基づいた評価
4 幼児理解に基づいた評価の実施

> 　幼児一人一人の発達の理解に基づいた評価の実施に当たっては、次の事項に配慮するものとする。
> (1) 指導の過程を振り返りながら幼児の理解を進め、幼児一人一人のよさや可能性などを把握し、指導の改善に生かすようにすること。その際、他の幼児との比較や一定の基準に対する達成度についての評定によって捉えるものではないことに留意すること。
> (2) 評価の妥当性や信頼性が高められるよう創意工夫を行い、組織的かつ計画的な取組を推進するとともに、次年度又は小学校等にその内容が適切に引き継がれるようにすること。

「要録」の基礎知識と記入のポイント
―平成30年改正内容をふまえて

改正の経緯

　要録は、幼稚園は幼稚園教育要領、保育所は保育所保育指針、幼保連携型認定こども園は幼保連携型認定こども園教育・保育要領の趣旨に沿って、教育・保育をおこなった結果を記載していくものです。そのため、平成29年の幼稚園教育要領や保育所保育指針、幼保連携型認定こども園教育・保育要領の改正にともなって、これまでの要録の書き方についても検討がされ、変更されました。

　経緯は以下のとおりです。

▶平成29年3月　3法令の同時改訂（定）
- 幼稚園教育要領告示（文部科学省告示第62号）
- 保育所保育指針告示（厚生労働省告示第117号）
- 幼保連携型認定こども園教育・保育要領告示（内閣府・文部科学省・厚生労働省告示第1号）

▶幼児理解に基づいた評価に関する検討会（主催：文部科学省）
　平成29年12月から平成30年1月までに計3回の会が開催された。主な検討内容は、「幼児理解に基づく評価の充実に関して」「指導要録の記載に関して」「小学校等につないでいくことに関して」

▶保育所児童保育要録の見直し検討会（主催：厚生労働省）
　平成29年12月から平成30年2月までに計2回の会が開催された。主な検討内容は、「保育所児童保育要録の見直しに関する事項」「その他、保育所保育と小学校教育との円滑な接続を図る取り組みに関する事項」

▶平成30年3月　要録に関する通知
- 幼稚園及び特別支援学校幼稚部における指導要録の改善について（29文科初第1814号）

- 保育所保育指針の適用に際しての留意事項について（子保発0330第2号）
- 幼保連携型認定こども園園児指導要録の改善及び認定こども園こども要録の作成等に関する留意事項等について（府子本第315号・29初幼教第17号・子保発0330第3号）

2 それぞれの要録の基礎知識と記入のポイント

■ 幼稚園幼児指導要録

(1) 基礎知識

　幼稚園幼児指導要録は、「幼児の学籍並びに指導の過程及び結果の要約を記録し、指導および外部に対する証明等に役立てるための原簿」となるものです。

　「学校教育法施行規則」第24条ならびに第28条にて、各幼稚園長は、幼稚園教育要領の趣旨に沿って、幼稚園幼児指導要録を作成することが義務づけられています。さらに、同施行規則第28条では学校（幼稚園）に備えなければならない公簿のひとつとして指導要録をあげており、保存期間は表簿（「指導に関する記録」）は5年間ですが、指導要録の「学籍に関する記録」は20年間です。

　すなわち、その基本的性格には、法令に基づき外部の証明としての制度的な位置づけと、幼児一人ひとりが次の段階でよりよい指導を受けるための資料としての機能的な位置づけという2つの側面があることになります。

　これらをふまえ、幼稚園幼児指導要録がもつ役割として、具体的には次に示す3つの機能があります。

▶在籍を証明する「学籍に関する記録」

　「学籍に関する記録」は、入園や転園により、幼児がその園に在籍したとき、ただちに作成することになります。もし何らかの理由で、外部から幼児の在籍の証明が求められれば、幼稚園幼児指導要録に記載された内容に基づいて証明を作成することになります。その際、目的に応じて、必要事項だけを記載することが必要です。

▶指導の過程と発達の姿を記す「指導に関する記録」

　幼稚園幼児指導要録は、入園の年から修了の年まで、毎年書き加えていきますが、その結果、最終的には幼児の入園から修了までの指導の過程と発達の姿が記されることになります。「指導に関する記録」を作成する際には、日々の保育記録をもとにして、幼児一人ひとりについて、1年間の指導の過程とその結果について要約して記します。

▶進級、あるいは小学校入学や転園の際には、指導の継続性を図るための資料

進級や小学校入学、転園等したとき、指導の継続性を図るための資料となります。次の指導者にとっては、前年度のその幼児についての指導の過程や結果の要約を知ることにより、新しい環境のなかで、どうしたらよりよい指導ができるかを考える手がかりになります。

(2) 改善内容

幼稚園幼児指導要録はこれまで、幼稚園教育要領の改訂時に、その主旨に基づいて検討されてきました。今回の改訂においても同様であり、基本的にはこれまでの一人ひとりのよさや可能性を捉えた評価の考え方を継承しながらも、小学校との円滑な接続のために、最終年度の幼稚園幼児指導要録の書き方を改善しています。

具体的には、「最終学年の指導に関する記録」の新設です。最終学年の「指導上参考となる事項」の記入にあたっては、特に小学校等における児童の指導に活かされるよう、「幼児期の終わりまでに育ってほしい姿」を活用して幼児に育まれている資質・能力をとらえ、指導の過程と育ちつつある姿をわかりやすく記入することに留意するよう追記しています。このことをふまえ、文部科学省の通知（29文科初第1814号）には、様式の参考例を示しています。

また今回の幼稚園幼児指導要録の改善に関する文部科学省の通知（29文科初第1814号）には、特別支援学校幼稚部の指導要録の改善も含んでいます。

▶「幼児期の終わりまでに育ってほしい姿」の活用

小学校との円滑な接続を図るために、幼稚園幼児指導要録の「指導上参考となる事項」について、5歳児について記入する際に、「幼児期の終わりまでに育ってほしい姿」を活用して、当該幼児に育まれている資質・能力をとらえ、指導の過程と育ちについて記入していきます。なお、「幼児期の終わりまでに育ってほしい姿」を活用して記入する際の留意点について、文部科学省通知の様式の参考例「幼稚園幼児指導要録（最終学年の指導に関する記録）」には以下のように示されています。

> 「幼児期の終わりまでに育ってほしい姿」は、幼稚園教育要領第2章に示すねらい及び内容に基づいて、各幼稚園で、幼児期にふさわしい遊びや生活を積み重ねることにより、幼稚園教育において育みたい資質・能力が育まれている幼児の具体的な姿であり、特に5歳児後半に見られるようになる姿である。「幼児期の終わりまでに育ってほしい姿」は、とりわけ幼児の自発的な活動としての遊びを通して、一人一人の発達の特性に応じて、これらの姿が育っていくものであり、全ての幼児に同じように見られるものではないことに留意すること。

出典：「幼稚園及び特別支援学校幼稚部における指導要録の改善について」平成30年3月

▶**小学校教員が理解しやすいような書き方の工夫**

　幼児教育と小学校教育では、教育の目標や内容、方法、評価の考え方が大きく異なっています。子ども一人ひとりのもつよさを小学校の教員に伝えるためには、どのような書き方がよいかを検討することが必要です。

　例えば、よい考えをもっていながらも、なかなか自分から友だちにその考えを伝えることがうまくできない子どもの場合、その子どものよさを伝えつつ指導の手がかりを示すことが必要です。園では、その幼児の活動に沿って、幼児自らが話をするきっかけをつくることで、安心し自信をもって話すことができるようになってきました。小学校教育では、みんなの前で自分の意見を発表する機会が増えて、個別の指導が可能な場面が限られてしまうことも考えられます。しかし、教員のかかわりとして求められることは、引き続きその子どもが安心して話し出せる雰囲気やきっかけを確保することで、自分らしく表現できる場をつくっていくことです。

　したがって、要録に記載する際には、「自分の考えをうまく伝えられない」ではなく、「話し出すきっかけをつくったりする教員の援助があれば、安心して自分の言葉で表現することができる」など、教員の具体的なかかわりについて記載することが必要です。その子どもの小学校生活を見通しながら、これまでの指導を振り返るなかから、その子らしさの発揮に必要な情報を提供することが大切です。

(3) 記入のポイント

　先に述べた改善内容をふまえ、文部科学省の通知に示された様式の参考例をもとに幼稚園幼児指導要録の各項目の主旨を解説するとともに、作成にあたって留意すべきことについて述べます。

幼稚園幼児指導要録（指導に関する記録）

❶学年の重点

　その年度のはじめに指導計画として立てた、クラスの目標を書きます。どの子どもにも同じ文言となります。

❷個人の重点

　一人ひとりの子どもに意識して育んできた点を記入します。これは1年間を振り返ったのちに得られるものであり、はじめから定めるものではありません。記録を読み返し、その子どもとのかかわりで大切にしてきたこと、あるいは結果的に重視してきたことを書くようにします。

❸指導上参考となる事項

　様式の参考例の欄外にある「指導上参考となる事項」に「各領域のねらいを視点として、当該幼児の発達の実情から向上が著しいと思われるもの」を記入するとあります。一人ひとりの子どもの発達の姿のなかで、5領域のねらいから見て、特に育ったと思われることを書くようにします。

　「幼稚園生活を通して全体的、総合的に捉えた幼児の発達の姿」とあるように、その子どもが夢中になって取り組んだ主たる活動（遊び）で経験したことを5領域の内容の視点でとらえたうえで、その子どもに育ちつつある姿を書くことが大切です。

　さらに、「次の年度の指導に必要」とあるように、その記述が次の年度の指導に活かせるように、その子どもの育ちを支えるために必要な配慮事項についても意識しながら書いていきます。

図表1-2　幼稚園幼児指導要録の参考様式（指導に関する記録）

（様式の参考例）

幼稚園幼児指導要録（指導に関する記録）

ふりがな 氏名	平成　年　月　日生	指導の重点等	平成　年度	平成　年度	平成　年度
			（学年の重点） ❶	（学年の重点）	（学年の重点）
性別			（個人の重点） ❷	（個人の重点）	（個人の重点）

	ねらい（発達を捉える視点）	指導上参考となる事項			
健康	明るく伸び伸びと行動し、充実感を味わう。	❸			
	自分の体を十分に動かし、進んで運動しようとする。				
	健康、安全な生活に必要な習慣や態度を身に付け、見通しをもって行動する。				
人間関係	幼稚園生活を楽しみ、自分の力で行動することの充実感を味わう。				
	身近な人と親しみ、関わりを深め、工夫したり、協力したりして一緒に活動する楽しさを味わい、愛情や信頼感をもつ。				
	社会生活における望ましい習慣や態度を身に付ける。				
環境	身近な環境に親しみ、自然と触れ合う中で様々な事象に興味や関心をもつ。				
	身近な環境に自分から関わり、発見を楽しんだり、考えたり、それを生活に取り入れようとする。				
	身近な事象を見たり、考えたり、扱ったりする中で、物の性質や数量、文字などに対する感覚を豊かにする。				
言葉	自分の気持ちを言葉で表現する楽しさを味わう。				
	人の言葉や話などをよく聞き、自分の経験したことや考えたことを話し、伝え合う喜びを味わう。				
	日常生活に必要な言葉が分かるようになるとともに、絵本や物語などに親しみ、言葉に対する感覚を豊かにし、先生や友達と心を通わせる。				
表現	いろいろなものの美しさなどに対する豊かな感性をもつ。				
	感じたことや考えたことを自分なりに表現して楽しむ。				
	生活の中でイメージを豊かにし、様々な表現を楽しむ。				

出欠状況		年度	年度	年度	備考			
	教育日数							
	出席日数							

学年の重点：年度当初に、教育課程に基づき長期の見通しとして設定したものを記入
個人の重点：1年間を振り返って、当該幼児の指導について特に重視してきた点を記入
指導上参考となる事項：
(1) 次の事項について記入すること。
　①1年間の指導の過程と幼児の発達の姿について以下の事項を踏まえ記入すること。
　　・幼稚園教育要領第2章「ねらい及び内容」に示された各領域のねらいを視点として、当該幼児の発達の実情から向上が著しいと思われるもの。その際、他の幼児との比較や一定の基準に対する達成度についての評定によって捉えるものではないことに留意すること。
　　・幼稚園生活を通して全体的、総合的に捉えた幼児の発達の姿。
　②次の年度の指導に必要と考えられる配慮事項等について記入すること。
(2) 幼児の健康の状況等指導上特に留意する必要がある場合等について記入すること。
備考：教育課程に係る教育時間の終了後等に行う教育活動を行っている場合には、必要に応じて当該教育活動を通した幼児の発達の姿を記入すること。

幼稚園幼児指導要録（最終学年の指導に関する記録）

❹指導上参考となる事項

　子どもの発達の姿の書き方については、（指導に関する記録）と同じですが、（最終学年の指導に関する記録）を書く際は、指導上参考となる事項に「小学校等における児童の指導に生かされる」とあることをふまえ、「幼児期の終わりまでに育ってほしい姿」を活用しながら、全体的・総合的に書いていきます。

　5歳児の1年間を振り返り、資質・能力であらわされたねらいからみて、特に育ったと思われることを書きます。その育ちが子どもの遊びや日常の生活のなかのどのようなところで具体的な姿としてあらわれるのかについて「幼児期の終わりまでに育ってほしい姿」を意識しながら書くのです。

❺備考

　幼児の健康上の留意する事項等について、次の指導者に伝えていくことが必要な内容を書きます。

　教育時間の終了後に何らかの教育活動をおこなっている場合、そこで見られた子どもの発達の姿を書きます。

図表1-3　幼稚園幼児指導要録の参考様式（最終学年の指導に関する記録）

(様式の参考例)

幼稚園幼児指導要録（最終学年の指導に関する記録）

平成　　年度

ふりがな 氏名	指導の重点等	（学年の重点）
平成　年　月　日生 性別		（個人の重点）

ねらい（発達を捉える視点）

領域	ねらい
健康	明るく伸び伸びと行動し、充実感を味わう。 自分の体を十分に動かし、進んで運動しようとする。 健康、安全な生活に必要な習慣や態度を身に付け、見通しをもって行動する。
人間関係	幼稚園生活を楽しみ、自分の力で行動することの充実感を味わう。 身近な人と親しみ、関わりを深め、工夫したり、協力したりして一緒に活動する楽しさを味わい、愛情や信頼感をもつ。 社会生活における望ましい習慣や態度を身に付ける。
環境	身近な環境に親しみ、自然と触れ合う中で様々な事象に興味や関心をもつ。 身近な環境に自分から関わり、発見を楽しんだり、考えたりし、それを生活に取り入れようとする。 身近な事象を見たり、考えたり、扱ったりする中で、物の性質や数量、文字などに対する感覚を豊かにする。
言葉	自分の気持ちを言葉で表現する楽しさを味わう。 人の言葉や話などをよく聞き、自分の経験したことや考えたことを話し、伝え合う喜びを味わう。 日常生活に必要な言葉が分かるようになるとともに、絵本や物語などに親しみ、言葉に対する感覚を豊かにし、先生や友達と心を通わせる。
表現	いろいろなものの美しさなどに対する豊かな感性をもつ。 感じたことや考えたことを自分なりに表現して楽しむ。 生活の中でイメージを豊かにし、様々な表現を楽しむ。

指導上参考となる事項 ④

備考 ⑤

出欠状況	年度
教育日数	
出席日数	

幼児期の終わりまでに育ってほしい姿

「幼児期の終わりまでに育ってほしい姿」は、幼稚園教育要領第2章に示すねらい及び内容に基づいて、各幼稚園で、幼児期にふさわしい遊びや生活を積み重ねることにより、幼稚園教育において育みたい資質・能力が育まれている幼児の具体的な姿であり、特に5歳児後半に見られるようになる姿である。「幼児期の終わりまでに育ってほしい姿」は、とりわけ幼児の自発的な活動としての遊びを通して、一人一人の発達の特性に応じて、これらの姿が育っていくものであり、全ての幼児に同じように見られるものではないことに留意すること。

健康な心と体	幼稚園生活の中で、充実感をもって自分のやりたいことに向かって心と体を十分に働かせ、見通しをもって行動し、自ら健康で安全な生活をつくり出すようになる。
自立心	身近な環境に主体的に関わり様々な活動を楽しむ中で、しなければならないことを自覚し、自分の力で行うために考えたり、工夫したりしながら、諦めずにやり遂げることで達成感を味わい、自信をもって行動するようになる。
協同性	友達と関わる中で、互いの思いや考えなどを共有し、共通の目的の実現に向けて、考えたり、工夫したり、協力したりし、充実感をもってやり遂げるようになる。
道徳性・規範意識の芽生え	友達と様々な体験を重ねる中で、してよいことや悪いことが分かり、自分の行動を振り返ったり、友達の気持ちに共感したりし、相手の立場に立って行動するようになる。また、きまりを守る必要性が分かり、自分の気持ちを調整し、友達と折り合いを付けながら、きまりをつくったり、守ったりするようになる。
社会生活との関わり	家族を大切にしようとする気持ちをもつとともに、地域の身近な人と触れ合う中で、人との様々な関わり方に気付き、相手の気持ちを考えて関わり、自分が役に立つ喜びを感じ、地域に親しみをもつようになる。また、幼稚園内外の様々な環境に関わる中で、遊びや生活に必要な情報を取り入れ、情報に基づき判断したり、情報を伝え合ったり、活用したりするなど、情報を役立てながら活動するようになるとともに、公共の施設を大切に利用するなどして、社会とのつながりなどを意識するようになる。
思考力の芽生え	身近な事象に積極的に関わる中で、物の性質や仕組みなどを感じ取ったり、気付いたりし、考えたり、予想したり、工夫したりするなど、多様な関わりを楽しむようになる。また、友達の様々な考えに触れる中で、自分と異なる考えがあることに気付き、自ら判断したり、考え直したりするなど、新しい考えを生み出す喜びを味わいながら、自分の考えをよりよいものにするようになる。
自然との関わり・生命尊重	自然に触れて感動する体験を通して、自然の変化などを感じ取り、好奇心や探究心をもって考え言葉などで表現しながら、身近な事象への関心が高まるとともに、自然への愛情や畏敬の念をもつようになる。また、身近な動植物に心を動かされる中で、生命の不思議さや尊さに気付き、身近な動植物への接し方を考え、命あるものとしていたわり、大切にする気持ちをもって関わるようになる。
数量や図形、標識や文字などへの関心・感覚	遊びや生活の中で、数量や図形、標識や文字などに親しむ体験を重ねたり、標識や文字の役割に気付いたりし、自らの必要感に基づきこれらを活用し、興味や関心、感覚をもつようになる。
言葉による伝え合い	先生や友達と心を通わせる中で、絵本や物語などに親しみながら、豊かな言葉や表現を身に付け、経験したことや考えたことなどを言葉で伝えたり、相手の話を注意して聞いたりし、言葉による伝え合いを楽しむようになる。
豊かな感性と表現	心を動かす出来事などに触れ感性を働かせる中で、様々な素材の特徴や表現の仕方などに気付き、感じたことや考えたことを自分で表現したり、友達同士で表現する過程を楽しんだりし、表現する喜びを味わい、意欲をもつようになる。

学年の重点：年度当初に、教育課程に基づき長期の見通しとして設定したものを記入
個人の重点：1年間を振り返って、当該幼児の指導について特に重視してきた点を記入
指導上参考となる事項：
(1) 次の事項について記入すること。
　①1年間の指導の過程と幼児の発達の姿について以下の事項を踏まえ記入すること。
　　・幼稚園教育要領第2章「ねらい及び内容」に示された各領域のねらいを視点として、当該幼児の発達の実情から向上が著しいと思われるもの。
　　　その際、他の幼児との比較や一定の基準に対する達成度についての評定によって捉えるものではないことに留意すること。
　　・幼稚園生活を通して全体的、総合的に捉えた幼児の発達の姿。
　②次の年度の指導に必要と考えられる配慮事項等について記入すること。
　③最終年度の記入に当たっては、特に小学校等における児童の指導に生かされるよう、幼稚園教育要領第1章総則に示された「幼児期の終わりまでに育ってほしい姿」を活用して幼児に育まれている資質・能力を捉え、指導の過程と育ちつつある姿を分かりやすく記入するように留意すること。また、「幼児期の終わりまでに育ってほしい姿」が到達すべき目標ではないことに留意し、項目別に幼児の育ちつつある姿を記入するのではなく、全体的、総合的に捉えて記入すること。
(2) 幼児の健康の状況等指導上特に留意する必要がある場合等について記入すること。
備考：教育課程に係る教育時間の終了後等に行う教育活動を行っている場合には、必要に応じて当該教育活動を通した幼児の発達の姿を記入すること。

● 保育所児童保育要録

(1) 基礎知識

　保育所児童保育要録は、保育所と小学校との連携の観点から、市町村の支援のもとに、子どもの育ちを支えるための資料として、保育所から小学校に送付するものです。

　要録に関する直接の法的な根拠は、厚生労働省管轄課（現在は子ども家庭局保育課）の課長からの都道府県・各指定都市・中核市への通達にあります。今回は、保育所保育指針の改定を受けて「保育所保育指針の適用に際しての留意事項について（子保発0330第2号）」が平成30年3月30日に出されました。

　保育所児童保育要録は、その目的から、2つの側面から記載されることになります。ひとつは「入所に関する記録」で、もうひとつは「保育に関する記録」です。これらの記録の具体的な内容は、以下のとおりです。

▶ 入所に関する記録
・児童の氏名、性別、生年月日及び現住所
・保護者の氏名及び現住所
・児童の保育期間（入所及び卒所年月日）
・児童の就学先（小学校名）
・保育所名及び所在地
・施設長及び担当保育士氏名

▶保育に関する記録
・保育所において作成したさまざまな記録の内容をふまえて、最終年度の1年間における保育の過程と子どもの育ちの要約であること。
・就学に際して保育所と小学校が子どもに関する情報を共有し、子どもの育ちを支えるための資料としての性格をもつものとする。
・保育所における保育は、養護及び教育を一体的におこなうことをその特性とするものであり、保育所における保育全体を通じて、養護に関するねらいおよび内容をふまえた保育が展開されることを念頭に置き、記載すること。

(2) 改善内容

今回の保育指針の改定にともなう要録の改正のポイントは、以下の2点です。

- 保育所保育においては、養護と教育が一体的に展開されることをふまえ、平成21年の保育所児童保育要録の参考様式では「養護（生命の保持及び情緒の安定）に関わる事項」と「教育（発達援助）に関わる事項」について、それぞれ別々に記載欄が設けられているが、これらをひとつに統合する。
- 保育所保育における子どもの育ちの姿をより適切に表現する観点から、保育所保育指針に示される保育の目標を具体化した5つの「領域のねらい」に加え、新たに「幼児期の終わりまでに育ってほしい姿※」についても様式に明記する。

※保育所保育指針第2章 保育の内容に示すねらい及び内容に基づく保育活動全体を通して資質・能力が育まれている子どもの小学校就学時の具体的な姿

参考：保育所児童保育要録の見直し検討会「保育所児童保育要録の見直し等について（検討の整理）」平成30年2月

▶養護と教育に関する記載欄の統合

保育所保育は、養護及び教育を一体的におこなうことをその特性としています。本来切り離すことができないものを、平成21年の保育所児童保育要録では「養護に関わる事項」「教育に関わる事項」と、記載欄を別々にしていました。そのため、保育を養護と教育に分けて書くことの書きにくさがあったほか、「養護に関わる事項」に家庭的背景が書かれてしまうなど、要録が求める内容から外れた記載も見られました。

保育所における子どもは、一人の人としてその存在を受け入れられること（養護的側面）を基盤として、保育者に援助されながら、環境にかかわり体験することを通して発達します。このような保育所保育の本質から、養護と教育を分けずに保育のあり方と子どもの育ちの姿を丸ごと記載することは、保育者にとっては書きやすいと同時に、個人情報に踏み込んだ情報が記載されにくくなります。

保育所における教育が養護と一体になって展開されているということを小学校側に理解してもらうためには、子どもの具体的な姿と保育者のかかわりを一緒に伝えることが大切です。乳幼児期の保育実践をどのように言語化することができるかについては、ふだんから意識して考えておく必要があります。

図表1-4　保育における養護と教育

「養護と教育が一体的におこなわれる」として、これまで保育の内容で扱われていた「養護的側面」が総則に移行➡保育所保育の基盤

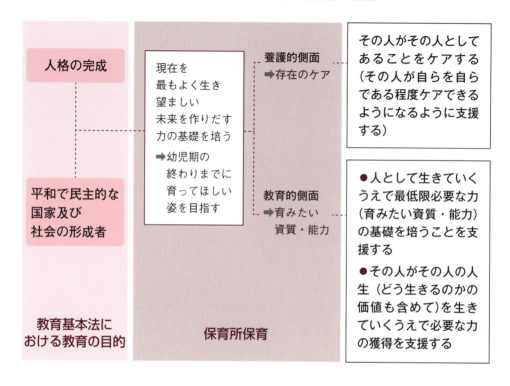

▶「5領域」と「幼児期の終わりまでに育ってほしい姿」の両面を明記する

　保育所保育指針 第1章総則の4番目の項目に「幼児教育を行う施設として共有すべき事項」として示された「幼児期の終わりまでに育ってほしい姿」（10の姿）が、要録に明記されることになりました。

　保育の目標の具体的なねらいを「育みたい資質・能力」であらわし、それらの育ちが子どもの日常の生活や遊びのなかでどのような具体的な姿となってあらわれたのかを「幼児期の終わりまでに育ってほしい姿」で記載します。

　従来、保育は5領域で子どもの育ちを見てきましたが、小学校側になかなか理解してもらうことができませんでした。乳幼児期の専門性を正しく理解してもらうために、子どもの育ちを「幼児期の終わりまでに育ってほしい姿」（10の姿）という具体的な姿であらわして共有しようということです。

　平成21年施行の保育所保育指針では、ねらいが「心情・意欲・態度」で示されていましたが、現行の保育所保育指針でのねらいは「育みたい資質・能力」で示されています。両者を比べたのが図表1-5です。

図表1-5 保育のねらいが「心情・意欲・態度等」から「育みたい資質・能力」と記載されたこと（3歳以上）の関係

		現指針（育みたい資質・能力）	旧指針（心情・意欲・態度）
健康	ねらい	① 明るく伸び伸びと行動し、充実感を味わう。 ② 自分の体を十分に動かし、進んで運動しようとする。 ③ 健康、安全な生活に必要な習慣や態度を身に付け、見通しをもって行動する。	① 明るく伸び伸びと行動し、充実感を味わう。 ② 自分の体を十分に動かし、進んで運動しようとする。 ③ 健康、安全な生活に必要な習慣や態度を身に付ける。
人間関係	ねらい	① 保育所の生活を楽しみ、自分の力で行動することの充実感を味わう。 ② 身近な人と親しみ、関わりを深め、工夫したり、協力したりして一緒に活動する楽しさを味わい、愛情や信頼感をもつ。 ③ 社会生活における望ましい習慣や態度を身に付ける。	① 保育所生活を楽しみ、自分の力で行動することの充実感を味わう。 ② 身近な人と親しみ、関わりを深め、愛情や信頼感を持つ。 ③ 社会生活における望ましい習慣や態度を身に付ける。
環境	ねらい	① 身近な環境に親しみ、自然と触れ合う中で様々な事象に興味や関心をもつ。 ② 身近な環境に自分から関わり、発見を楽しんだり、考えたりし、それを生活に取り入れようとする。 ③ 身近な事象を見たり、考えたり、扱ったりする中で、物の性質や数量、文字などに対する感覚を豊かにする。	① 身近な環境に親しみ、自然と触れ合う中で様々な事象に興味や関心を持つ。 ② 身近な環境に自分から関わり、発見を楽しんだり、考えたりし、それを生活に取り入れようとする。 ③ 身近な事物を見たり、考えたり、扱ったりする中で、物の性質や数量、文字などに対する感覚を豊かにする。
言葉	ねらい	① 自分の気持ちを言葉で表現する楽しさを味わう。 ② 人の言葉や話などをよく聞き、自分の経験したことや考えたことを話し、伝え合う喜びを味わう。 ③ 日常生活に必要な言葉が分かるようになるとともに、絵本や物語などに親しみ、言葉に対する感覚を豊かにし、保育士等や友達と心を通わせる。	① 自分の気持ちを言葉で表現する楽しさを味わう。 ② 人の言葉や話などをよく聞き、自分の経験したことや考えたことを話し、伝え合う喜びを味わう。 ③ 日常生活に必要な言葉が分かるようになるとともに、絵本や物語などに親しみ、保育士等や友達と心を通わせる。
表現	ねらい	① いろいろなものの美しさなどに対する豊かな感性をもつ。 ② 感じたことや考えたことを自分なりに表現して楽しむ。 ③ 生活の中でイメージを豊かにし、様々な表現を楽しむ。	① いろいろな物の美しさなどに対する豊かな感性を持つ。 ② 感じたことや考えたことを自分なりに表現して楽しむ。 ③ 生活の中でイメージを豊かにし、様々な表現を楽しむ。

赤字の部分が変更点で、その他は変わっていません。旧指針の「心情・意欲・態度」という言葉では、小学校側は、子どもの何が育つのかがわかりませんでした。それを今回「育みたい資質・能力」という言葉に変えて、5領域の考え方を小学校側にもわかりやすくしたのです。

(3) 記入のポイント

先に述べた改善内容をふまえ、厚生労働省の通知に示された様式の参考例をもとに、保育所児童保育要録（保育に関する記録）の各項目の主旨を解説するとともに、作成にあたって留意すべきことについて述べます。

❶ 最終年度の重点

最終年度のはじめに保育計画として立てた、クラスの保育の目標を書きます。クラスのどの子どもについても同じ文言となります。

❷ 個人の重点

最終年度において、一人ひとりの子どもに意識して育んできた点を記入します。それは１年間を振り返ったのちに得られるものであり、はじめから定めるものではありません。記録を読み返し、その子どもとのかかわりで大切にしてきたこと、あるいは結果的に重視してきたことを書くようにします。

❸ 保育の展開と子どもの育ち

様式の参考例の欄外にある注意事項には「子どもの発達の姿…（各領域のねらいを視点として、子どもの発達の実情から向上が著しいと思われるもの）を…記入する」とあります。最終年度における一人ひとりの子どもの発達の姿のなかで、５領域のねらいから見て、とくに育ったと思われることを書くようにします。また、子どもの発達の姿は、その子どもが夢中になって取り組んだ主たる活動（遊び）で経験したことを通して書くことが大切です。

「保育所の生活を通して…」とあるように、その子どもの興味関心のある活動をあげながら、全体的かつ総合的にその子どものよさがとらえられるようにします。

さらに、小学校での指導に活かせるように、小学校との共通言語である「『幼児期の終わりまでに育ってほしい姿』を活用」しながら、書いていきます。

❹ 特に配慮すべき事項

子どもの健康の状況など、就学後に配慮が必要なことがあれば書きます。気になることや子どもが克服すべき課題を書く必要はありません。どうしても伝えるべきことがある場合は、子どもの育ちを支えるために効果的な手立ても合わせて書くようにします。

❺ 最終年度に至るまでの育ちに関する事項

子どもが入所してからを振り返り、どのような人やものごとと、どのようにかかわり合いながら育ってきたか、どのような子どもに育ったかを総合的に書きます。その子ども像が目に浮かぶような記述を心がけます。

図表1-6 保育所児童保育要録の参考様式

（様式の参考例）

保育所児童保育要録（保育に関する記録）

本資料は、就学に際して保育所と小学校（義務教育学校の前期課程及び特別支援学校の小学部を含む。）が子どもに関する情報を共有し、子どもの育ちを支えるための資料である。

ふりがな 氏名		保育の過程と子どもの育ちに関する事項	最終年度に至るまでの育ちに関する事項
生年月日	年　月　日	（最終年度の重点） ❶	❺
性別		（個人の重点） ❷	
ねらい （発達を捉える視点）		（保育の展開と子どもの育ち）	
健康	明るく伸び伸びと行動し、充実感を味わう。	❸	
	自分の体を十分に動かし、進んで運動しようとする。		
	健康、安全な生活に必要な習慣や態度を身に付け、見通しをもって行動する。		
人間関係	保育所の生活を楽しみ、自分の力で行動することの充実感を味わう。		
	身近な人と親しみ、関わりを深め、工夫したり、協力したりして一緒に活動する楽しさを味わい、愛情や信頼感をもつ。		**幼児期の終わりまでに育ってほしい姿** ※各項目の内容等については、別紙に示す「幼児期の終わりまでに育ってほしい姿について」を参照すること。
	社会生活における望ましい習慣や態度を身に付ける。		
環境	身近な環境に親しみ、自然と触れ合う中で様々な事象に興味や関心をもつ。		健康な心と体
	身近な環境に自分から関わり、発見を楽しんだり、考えたりし、それを生活に取り入れようとする。		自立心
			協同性
	身近な事象を見たり、考えたり、扱ったりする中で、物の性質や数量、文字などに対する感覚を豊かにする。		道徳性・規範意識の芽生え
			社会生活との関わり
言葉	自分の気持ちを言葉で表現する楽しさを味わう。		思考力の芽生え
	人の言葉や話などをよく聞き、自分の経験したことや考えたことを話し、伝え合う喜びを味わう。		自然との関わり・生命尊重
	日常生活に必要な言葉が分かるようになるとともに、絵本や物語などに親しみ、言葉に対する感覚を豊かにし、保育士等や友達と心を通わせる。		数量や図形、標識や文字などへの関心・感覚
表現	いろいろなものの美しさなどに対する豊かな感性をもつ。	（特に配慮すべき事項） ❹	言葉による伝え合い
	感じたことや考えたことを自分なりに表現して楽しむ。		豊かな感性と表現
	生活の中でイメージを豊かにし、様々な表現を楽しむ。		

　保育所における保育は、養護及び教育を一体的に行うことをその特性とするものであり、保育所における保育全体を通じて、養護に関するねらい及び内容を踏まえた保育が展開されることを念頭に置き、次の各事項を記入すること。
○保育の過程と子どもの育ちに関する事項
＊最終年度の重点：年度当初に、全体的な計画に基づき長期の見通しとして設定したものを記入すること。
＊個人の重点：１年間を振り返って、子どもの指導について特に重視してきた点を記入すること。
＊保育の展開と子どもの育ち：最終年度の１年間の保育における指導の過程と子どもの発達の姿（保育所保育指針第２章「保育の内容」に示された各領域のねらいを視点として、子どもの発達の実情から向上が著しいと思われるもの）を、保育所の生活を通して全体的、総合的に捉えて記入すること。その際、他の子どもとの比較や一定の基準に対する達成度についての評定によって捉えるものではないことに留意すること。あわせて、就学後の指導に必要と考えられる配慮事項等について記入すること。別紙を参照し、「幼児期の終わりまでに育ってほしい姿」を活用して子どもに育まれている資質・能力を捉え、指導の過程と育ちつつある姿をわかりやすく記入するように留意すること。
＊特に配慮すべき事項：子どもの健康の状況等、就学後の指導において配慮が必要なこととして、特記すべき事項がある場合に記入すること。
○最終年度に至るまでの育ちに関する事項
　子どもの入所時から最終年度に至るまでの育ちに関し、最終年度における保育の過程と子どもの育ちの姿を理解する上で、特に重要と考えられることを記入すること。

● 幼保連携型認定こども園園児指導要録

(1) 基礎知識

　幼保連携型認定こども園園児指導要録は、「園児の学籍並びに指導の過程及びその結果の要約を記録し、その後の指導及外部に対する証明等に役立たせるための原簿」となるものです(「幼保連携型認定こども園園児指導要録の改善及び認定こども園こども要録の作成等に関する留意事項等について」平成30年3月)。

　指導要録は、幼児教育をおこなう施設としてはあたり前である「園児の理解に基づいた評価」が適切におこなわれ、地域に根差した主体的かつ積極的な教育および保育を展開するためのものでもあるとされています。また、小学校、特別支援学校の小学部との緊密な連携を図る観点から、小学校にも連携の周知をすることになります。

　認定こども園では、1年間の振り返り(子どもの育ちの評価、保育・教育のありようなど)をして、次の1年へと向かうことになります。1年ごとの要録の記入は、子どもにとっての豊かな生活や遊びを、保育者にとっては、その遊びや生活をどのように展開することが、子どもの生活を豊かにし、生きる力の基礎を育むことになるのかをじっくりと考えて実践することで、保育者の専門性の発達を促すものになります。

(2) 改善内容

　教育・保育目標である「生きる力の基礎を育む」という点において変更はありませんが、生きる力の基礎として「育みたい資質・能力」が明示されたことと、その資質・能力の幼児期の終わりごろの具体的な姿として「幼児期の終わりまでに育ってほしい姿」が示されました。これは、幼稚園教育要領、保育所保育指針とも、すべて同様に明記されており、どの施設においても小学校入学前の子どもの教育・保育において同じ方向(目標)を目指し、同じ内容の幼児教育を受けることを意味しています。

　以上を含む教育・保育要領での改訂点を受けて、要録も改善されました。保育の過程の記録において重視されるのは「幼児理解に基づいた評価」です。通知では、その評価の基本となる考え方が示されました。

幼保連携型認定こども園における評価の基本的な考え方

> （1）指導の過程を振り返りながら園児の理解を進め、園児一人一人のよさや可能性などを把握し、指導の改善に生かすようにすること。その際、他の園児との比較や一定の基準に対する達成度についての評定によって捉えるものではないことに留意すること。
> （2）評価の妥当性や信頼性が高められるよう創意工夫を行い、組織的かつ計画的な取組を推進するとともに、次年度又は小学校等にその内容が適切に引き継がれるようにすること。

出典：「幼保連携型認定こども園園児指導要録の改善及び認定こども園こども要録の作成等に関する留意事項等について」平成30年3月

この考え方をふまえた改善のポイントを要約すると、以下のようになります。

- 認定こども園における養護は教育及び保育をおこなううえでの基盤であることをふまえ、満3歳以上の園児に関する記録について、以前の「養護」に関わる事項は、「指導上参考となる事項」に記入する。
- 「園児の健康状態等」については、「特に配慮すべき事項」に記入する。
- 以前の「園児の育ちに関わる事項」については、満3歳未満の園児に関する記録として、各年度ごとに、「養護（園児の健康の状態等も含む）」に関する事項も含め、「園児の育ちに関する事項」に記入する。
- 最終学年の記入にあたっては、これまでの記入の考え方を引き継ぐとともに、特に小学校等における児童の指導に生かされるよう、「幼児期の終わりまでに育ってほしい姿」を活用して園児に育まれている資質・能力をとらえ、指導の過程と育ちつつある姿をわかりやすく記入する。

参考：「幼保連携型認定こども園園児指導要録の改善及び認定こども園こども要録の作成等に関する留意事項等について」平成30年3月

　教育・保育要領では、要録ならびに小学校との接続について次のように記述されています。

第1章 総則　第2節 1　教育及び保育の内容並びに子育ての支援等に関する全体的な計画の作成等 （5）小学校教育との接続に当たっての留意事項

> イ　幼保連携型認定こども園の教育及び保育において育まれた資質・能力を踏まえ、小学校教育が円滑に行われるよう、小学校の教師との意見交換や合同の研究の機会などを設け、「幼児期の終わりまでに育ってほしい姿」を共有するなど連携を図り、幼保連携型認定こども園における教育及び保育と小学校教育との円滑な接続を図るよう努めるものとする。

(3) 記入のポイント

　先に述べた改善内容をふまえ、内閣府・文科省・厚労省の通知に示された様式の参考例をもとに、幼保連携型認定こども園園児指導要録「指導等に関する記録」の各項目の主旨を解説するとともに、作成にあたって留意すべきことを述べます。

　「最終学年の指導に関する記録」は幼児園幼児指導要録（最終学年の指導に関する記録）と内容を同一とするため、26～27頁で確認してください。

幼保連携型認定こども園園児指導要録（指導に関する記録）

❶学年の重点

　年度のはじめに指導計画として立てた、クラスの目標を書きます。どの子どもにも同じ文言となります。

❷個人の重点

　一人ひとりの子どもに意識して育んできた点を記入します。これは1年間を振り返ったのちに得られるものであり、はじめから定めるものではありません。記録を読み返し、その子どもとのかかわりで大切にしてきたこと、あるいは結果的に重視してきたことを書くようにします。

❸指導上参考となる事項

　様式の参考例の欄外にある「指導上参考となる事項」に「各領域のねらいを視点として、当該園児の発達の実情から向上が著しいと思われるもの」を記入するとあります。そこで、一人ひとりの子どもの発達の姿のなかで、5領域のねらいから見て特に育ったと思われることを書くようにします。「園生活を通して全体的、総合的に捉えた園児の発達の姿」とあるように、その子どもが夢中になって取り組んだ主たる活動（遊び）で経験したことを5領域の内容の視点でとらえたうえで、その子どもに育ちつつある姿を書くことが大切です。

　さらに、「次の年度の指導に必要」とあるように、次の年度の指導に活かせるように、その子どもの育ちを支えるために必要な配慮事項についても意識しながら書いていきます。

❹園児の育ちに関する事項

　その年ごとに、子どもが人やものごとにどのようにかかわり合いながら育ってきたのかを振り返って書きます。その子ども像が目に浮かぶような記述を心がけます。

図表1-7　幼保連携型認定こども園園児指導要録の参考様式（指導等に関する記録）

(様式の参考例)

幼保連携型認定こども園園児指導要録（指導等に関する記録）

ふりがな 氏名		性別	指導の重点等	平成　　年度 (学年の重点)	平成　　年度 (学年の重点)	平成　　年度 (学年の重点)
平成　　年　　月　　日生				❶		
ねらい （発達を捉える視点）				(個人の重点) ❷	(個人の重点)	(個人の重点)
健康	明るく伸び伸びと行動し、充実感を味わう。		指導上参考となる事項	❸		
	自分の体を十分に動かし、進んで運動しようとする。					
	健康、安全な生活に必要な習慣や態度を身に付け、見通しをもって行動する。					
人間関係	幼保連携型認定こども園の生活を楽しみ、自分の力で行動することの充実感を味わう。					
	身近な人と親しみ、関わりを深め、工夫したり、協力したりして一緒に活動する楽しさを味わい、愛情や信頼感をもつ。					
	社会生活における望ましい習慣や態度を身に付ける。					
環境	身近な環境に親しみ、自然と触れ合う中で様々な事象に興味や関心をもつ。					
	身近な環境に自分から関わり、発見を楽しんだり、考えたりし、それを生活に取り入れようとする。					
	身近な事象を見たり、考えたり、扱ったりする中で、物の性質や数量、文字などに対する感覚を豊かにする。					
言葉	自分の気持ちを言葉で表現する楽しさを味わう。					
	人の言葉や話などをよく聞き、自分の経験したことや考えたことを話し、伝え合う喜びを味わう。					
	日常生活に必要な言葉が分かるようになるとともに、絵本や物語などに親しみ、言葉に対する感覚を豊かにし、保育教諭等や友達と心を通わせる。					
表現	いろいろなものの美しさなどに対する豊かな感性をもつ。					
	感じたことや考えたことを自分なりに表現して楽しむ。					
	生活の中でイメージを豊かにし、様々な表現を楽しむ。			(特に配慮すべき事項)	(特に配慮すべき事項)	(特に配慮すべき事項)
出欠状況	教育日数／出席日数	年度／年度／年度				

【満3歳未満の園児に関する記録】

園児の育ちに関する事項	平成　　年度	平成　　年度	平成　　年度	平成　　年度
	❹			

学年の重点：年度当初に、教育課程に基づき長期の見通しとして設定したものを記入
個人の重点：1年間を振り返って、当該園児の指導について特に重視してきた点を記入
指導上参考となる事項：
　(1) 次の事項について記入
　　①1年間の指導の過程と園児の発達の姿について以下の事項を踏まえ記入すること。
　　　・幼保連携型認定こども園教育・保育要領に示された養護に関する事項を踏まえ、第2章第3の「ねらい及び内容」に示された各領域のねらいを視点として、当該園児の発達の実情から向上が著しいと思われるもの。
　　　　その際、他の園児との比較や一定の基準に対する達成度についての評定によって捉えるものではないことに留意すること。
　　　・園生活を通して全体的、総合的に捉えた園児の発達の姿。
　　②次の年度の指導に必要と考えられる配慮事項等について記入すること。
　(2) 「特に配慮すべき事項」には、園児の健康の状況等、指導上特記すべき事項がある場合に記入
園児の育ちに関する事項：　当該園児の、次の年度の指導に特に必要と考えられる育ちに関する事項や配慮事項、健康の状況等の留意事項等について記入

第 2 章

「要録」作成の手順とポイント

日常の保育の延長に位置づけられる「要録」。
園での遊びや生活のなかでみられる子どもの姿をどのように
「要録」につなげればよいのかを、ステップを踏んで紹介します。

「要録」作成までの3つの手順

　第1章で、日々の保育とその評価の積み重ねが要録という形になることを説明しました。本章では、日々の保育と要録の関係性をふまえながら、要録作成までの手順を「Step1：日々の保育を記録する」「Step2：1年間の保育記録を振り返る」「Step3：要録にまとめる」として解説します。

Step 1　日々の保育を記録する

　日々の保育は、常に子どもが生み出した活動に沿っておこない、保育記録に残します。その際、子どもとのふれあいを通して気づくその子らしい姿をとらえて記録することが大切です。

Step 2　1年間の保育記録を振り返る

　要録を作成するにあたっては、1年間の保育記録を振り返り、どのような指導をしてきたのか、その結果、子どもがどのように変化してきたのかなどの概要をつかみます。保育記録を時系列で並べて整理すると、日々の保育では気づかなかった子どもの姿に改めて気づくことがあります。1年間をいくつかの時期に分けて、それぞれの時期で子どもの姿をまとめておき、1年間の振り返りをするようにしましょう。

　このように、子ども一人ひとりの発達の過程を振り返り記入したものが「保育の過程の記録」です。

Step 3　要録にまとめる

　要録は、保育の継続性を図るためにも作成する意味があります。子どもの発達の状況をとらえ、その背景にある保育者自身の指導の反省・評価を記すことで、次のよりよい指導を生みだすことが目的です。

　いざ書き始めてみると、その子どもの性格や活動の様子など、さまざまな姿が浮かんできて、あれもこれも書いてしまいがちです。しかし、この書類に求められるのは、次の指導者の指導に参考となる事項を伝えることです。つまり、どのようなことを記録すれば次のよりよい指導を生みだせるかを考え、明瞭で簡潔にまとめることが大切です。

図表2-1　保育記録から「要録」へ

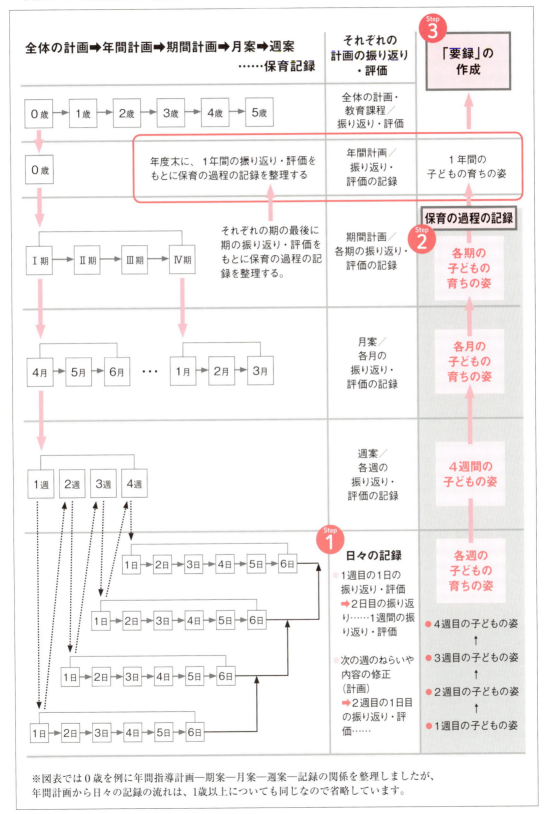

※図表では0歳を例に年間指導計画─期案─月案─週案─記録の関係を整理しましたが、年間計画から日々の記録の流れは、1歳以上についても同じなので省略しています。

Step 1 日々の保育を記録する

　日々の保育実践を記録した保育記録には、子どもの姿や保育者の配慮などがありのままにつづられています。これが、要録を書くうえでの基礎資料となります。この基礎資料をもとに一人ひとりの子どもの保育の過程の記録が作成され、その先に要録があります。

　日々の保育記録から保育の過程の記録へ、さらに要録につなげるためには、記録を書く時点から意識して子どもの育ちをとらえることが重要です。留意したいことは以下のとおりです。

▶心にふれた出来事を記録する

　保育記録の形式はさまざまであり、園によっても、学年や年齢、クラスによっても異なります。比較的小さい年齢の場合は個人記録を中心とする場合が多いでしょうが、3・4・5歳児になると、クラス全体の様子を振り返りながら、担任として心にふれた出来事などを記録していくことが多いと思います。

　子どもたちと一緒に生活していると、一見あたり前のことでも、よく見るとハッとさせられることがあります。まずは、その心にふれた出来事をできるだけありのままに記録するように心がけます。そして、「なぜ、子どもはその行動をしたのか」「その背景には何があるのか」などを考え、子どもが生きる世界に温かな関心をもつようにします。

▶継続的に見て変化をとらえる

　子どもの生活は日々変化し、子どもは生活を通して変容していきます。こうした変化や変容をとらえるためには、心にふれた出来事を視点に、継続的に子どもの姿や遊びの様子などを追っていくことが必要です。

　例えば、毎日泣いて登園する子どもがいたら、その子どもの表情やしぐさ、言葉や行動、保育者としてどうかかわったかを継続的に記録します。その記録を通して、子どもの葛藤やこだわりが見えてくる場合があります。

▶子ども同士のかかわりを書く

　まわりの子どもとのかかわりのなかで子どもの姿を追っていくことも必要です。例えば、1人で砂遊びをしている場面でも、まわりの子どもとのかかわりも視野に入れるということです。「1人で遊んでいた」という事実が、「夢中になって遊んでいた」のか「ときどきまわりの子どもの様子を見ていた」のかによって、その子どもにとっての砂遊びの意味が異なります。

▶保育者とのかかわりを書く

　保育の過程をとらえるためには、保育者とのかかわりをできるだけ客観視して記録します。子どもがある活動を展開した際に、保育者が時折声をかけたのか、一緒になって活動したのか、全くかかわらなかったのかなどによって活動の意味が異なるからです。そのときには気づかなくても、振り返ってみたら、保育者のかかわりや言動が活動の契機になっていることもあります。

▶子ども一人ひとりにとっての活動の意味を理解して書く

　発達の理解を深めるためには、記録をとる際、子ども一人ひとりにとっての活動の意味を理解して書くことも大切です。同じ活動であっても、参加している子ども一人ひとりが同じ経験をしているとは限らないからです。

　指導計画を作成するときは、クラス全体を見渡しながら、子どもたちがどのような活動を生みだしてくるのかを予想します。そして、それぞれの発達の時期のねらいをふまえ、「昨日、お店やさんごっこを楽しんでいたので、今日もその場をつくっておこう」「○○ちゃんたちは、積み木遊びをしていた。仲間が増えてきたので、積み木遊びの場を広くしよう」など、子どもたちの活動の場を確保します。

　しかし、いったん保育が展開すると、さまざまな活動が生まれてきます。保育のなかでは予想もしない活動が生まれるのはよくあることで、それに応じながら、子どもたち一人ひとりの発達を支えていくことが保育なのです。

　また、同じ活動をしていたとしても、そこで経験していることは一人ひとり異なります。例えば、お店やさんごっこをしていても、売ったり買ったりすることを楽しむ子どももいれば、「○○ちゃんと遊びたい」と思いながらお店やさんごっこをする子どももいます。

　保育の記録では、ねらいに沿った記録も必要ですが、子どもの予想外な活動の記録も必要です。また、同じ活動を楽しんでいても、楽しみ方が異なるのであれば、それぞれの楽しみ方から、その子どもにとっての活動の意味を理解することが必要です。

　いずれにしても、一人ひとりの活動の姿をとらえながら、その子どもが実現したいことはどのようなことなのかを推測しながら活動を理解することが大切です。

子どもの育ちをとらえた記録の書き方

　具体的にどのように記録を書けばいいのか、ある保育所の5月下旬の保育記録をもとに確認します。

A 「今日のテーマ：ねらいや配慮」
　その週と、週のなかでの今日の保育のねらいと内容を記入します。

B 「活動の展開」
　その日の保育のねらいに合わせた内容が活動として展開できているかを確認しながら、子どもの育ちの姿を描写します。
　子どもの言葉や行動から、その背後にある子どもの気持ちや経験している内容を読み取り、それが子どもの望ましい発達過程のどこに位置するのか、また、保育者の配慮や環境構成が子どもに経験してほしい内容に適したものになっていたかなどをできるだけ具体的に書きます。誰が見ても生き生きとその場面が思い描けることが大切です。

C 「個人記録」
　気を配る必要があると考え継続して育ちを追っている子どもや、その日特に成長・発達が見られた子どもの様子を書きます。子ども一人ひとりの保育の過程の記録をまとめる際に、特に参考になる部分です。

D 「振り返り・評価」
　1日を振り返って評価します。ねらいが達成できる活動であったか、子どもの姿に変化はあったか、保育者のかかわりは適切であったかなどを考察して書きます。次の保育に活かせるように、よかったことも不都合なこともありのままに書き、考えられる対応策なども記録しておくことが大切です。

図表2-2　年長組の保育記録

| 月　　日（　曜日）天気（　） | 在籍児童数 人 | 出席児童数 人 | 欠席児童数 人 | 記録者 | 園長印 |

| 保健 | 欠席児（理由） |

A　今日のテーマ：ねらいや配慮

5月3、4週目のねらいと内容
○一人ひとりの気持ちを理解し受容し、保育者との信頼関係のもとで、情緒の安定した生活ができるようにする。
■身のまわりのことを自分でしようとする。
●登園後の所持品の始末や帰りの支度、片づけをおこなう。
■草花や虫など春の自然に触れながら保育者や友だちと一緒に戸外遊びを楽しむ。
●戸外遊び（泥、砂、虫探し、色水作りなど）を全身で楽しむ。
●友だちや小さい子どもと一緒に散歩に出かける。
●プランターに野菜の苗を植えるなど身近な植物に親しむ。
☆今日の提案したい活動
●ひまわりの種植え

○は保育の養護的側面
■は保育の教育的側面
●は内容を表す
☆は提案したい活動

B　活動の展開

本日、仮免許証に合格した子どもたちに、自転車教習所の所長（園長）からお祝いにひまわりの種を一粒ずつもらった。種を植えるためには何が必要か聞くと「土がいる」「水も」「スコップも」「はこみたいなやつ（プランター）」と答えた。
そして、土は畑にあると声が上がり、「ひまわり（年長クラスの名前）の男の子で土掘ってから」と、Kがはりきって提案する。保育者が肥料を混ぜる必要があることを伝えると「それ、Yちゃんと、Aちゃんでやっていいよ」と役割を分担。役割のない女児が「じゃ、ひまわりの女の子は？」と言うと、Kが「水かけて」と言い、女児たちも納得する。
プランターに土を入れる作業は男児が土を掘り、掘った土をプランターに入れるのを年中、年少児がシャベルで少しずつ運び、楽しんでおこなうことができた。
プランターがいっぱいになり保育室前まで運ぼうとする。重そうなので保育者が「手伝おうか」と言うと、「先生は手伝わなくてもいいから、ひまわりの男で運ぶ」とKが言うが、重くて持ち上がらず女児にも声をかけ、少しずつ休みながら保育室前まで運んだ。種を植え、「いつ芽が出るの？」と楽しみにしていた。

個人記録

C　Kはリーダーシップはあるが、自分の思いを通そうと、周囲の子どもに口調が荒くなり、もめることも多いので、気を配っていた。今日は、Kの提案が周囲に受け入れられ、みんなで気持ちよく力を合わせて活動でき、意欲的に取り組めてよかったと思う。

その他　家庭との連絡事項　特記事項など

振り返り・評価

D　ひまわりの種を植える一連の行動を予想して、種を植えるために必要な道具の準備や役割を分担したり、ほかの友だちの意見も聞き入れて、みんなが納得のいくように活動でき成長を感じた。また、自分たちのプランターだから自分たちの手で（最初はできると思ったが、難しいときは先生ではなく女児に声をかけ、休みながらも自分たちの力で重いプランターを）運びきったこともうれしい出来事だった。

Step 2　1年間の保育記録を振り返る

　要録を作成する際は、1年間の保育記録を振り返り、どのような指導をしてきたのか、その結果、子どもはどのような変容をしてきたのかなど、概要をつかむことが必要です。

　そのためには、時期を区分しながら、その子どもについての記録を日々の保育記録から拾い出し、保育者とのかかわりなどをみながら整理していきます。

　その子どもの1年間の変容をまとめたものが「保育の過程の記録」になります。1年間の保育記録から子どもの育ちを振り返る際に留意することは、以下のとおりです。

▶ **年度当初と比較して、「その子どもなりの一歩」を育ちとしてとらえる**

　年度当初の姿から比較して、いくつかの姿（点）から、育ち（線）として見えてくる「その子どもなりの一歩」をとらえます。その子どもなりの成長の姿です。

　図表2-3にM（5歳児・女児）の保育の過程の記録を示しました。ここから読み取れる「Mなりの一歩」は、身体を動かす遊びが好きなこと、小さい子どもに親切にするなど、人間関係の広がりや自然物に対する関心も高まってきていることです。（❶❷❸❺❻）。

▶ **その子どものよさと、今後伸びていってほしいことをとらえる。**

　一人ひとりのもつよさや可能性を伸ばしていく教育・保育において大切なのは、その子どもなりのよさを「その子らしさ」として伸ばしていくことです。

　Mは全学期を通して自然物への関心が高く、じっくりとかかわり観察して自分なりに考えようとすること（❷❼⓫⓬）や、好きな遊びにおいても試行錯誤しながら工夫してつくり上げていく粘り強さ（❹❾⓭⓮）が育ってきています。

▶ **子どもの姿を生み出した状況や背景をとらえ、次の指導者に伝えることを整理する**

　保育者は、Mが人間関係において気を使わずに、自己表現ができたら（❽）と考えて、好きな遊びを通して友だちとの関係を広げ深めていけるように配慮しました。3期には好きな縄跳びの活動に積極的に参加し、友だちとルールを決める（❿）など、積極的に友だちとかかわれるようになってきたMの育ちの姿を、次の指導者に引き継ぐことになります。

図表2-3　M（5歳児・女児）の保育の過程の記録

子どもの姿		5領域を経験することで、育ってほしい子どもの姿		
		1期	2期	3期
		基本的な生活習慣が身につき、運動機能はますます伸び、喜んで運動遊びをしたり、仲間とともに活発に遊ぶ。言葉によって共通のイメージをもって遊んだり、目的に向かって行動することが増える。	遊びを発展させ楽しむために、自分たちで決まり事をつくったりする。また、自分なりに考えて判断したり批判する力が生まれ、ケンカを自分たちで解決しようとするなど、互いに相手を許したり、異なる思いや考えを認めたりといった社会生活に必要な基本的な力を身につけていく。全身運動が滑らかで巧みになり、快活に跳び回るようになる。	自信がつき、心身ともに力があふれ、意欲が旺盛になる。仲間の意思を大切にしようとし、役割の分担が生まれるような協同の遊びやごっこ遊びをおこない、満足するまで取り組もうとする。さまざまな知識や経験を生かし、創意工夫を重ね、遊びを発展させる。思考力や認識力も高まり、自然や社会事象、文字などへの興味も深まっていく。身近な大人に甘え、気持ちを休めるときもあるが、さまざまな経験を通して自立心が一層高まる。
評価の視点		発達過程と援助	発達過程と援助	発達過程と援助
養護と教育	健康	・登園したら言われなくても身のまわりの整理ができるなど基本的生活習慣は自立している。・好きな友だちに誘われると、二輪車乗りに挑戦するなど身体を動かす遊びが好きであり、安定した園生活を送っている。❶また、絵本を読むなど静かな遊びも好きである。	・友だちと一緒に行動することが多く、自分から気持ちを表現したり、考えて行動することが苦手のようである。・運動遊びにおいては意欲的に取り組む。❺・運動会の時に、走りたくないという年少の子に「一緒に手をつなごうか」と誘い、一緒に走るなどしていた。慕われ、話しかけられるとおだやかに受け入れる姿が見られた。❻	・年長クラスで取り組む縄跳びの活動に積極的に参加し、友だちと一緒にルールを決めて活発に遊ぶが、意欲的に身体を動かして遊んでいる。❿・周囲の子どもから好かれ、誘いを受けて遊ぶことが多い。思いやりがあり、友だちの気持ちを優先することが多く、自己主張してぶつかり合う経験や自分で判断して行動する経験がもうひとつである。自分がどうしたいのかを考えられる経験を積ませたい。
	人間関係	・友だちとトラブルを起こすことが少なく、やさしい性格のため、誘われて遊び出すことが多い。一方、相手の気持ちを考えて断り切れない場面もみられる。		
	環境	・他クラスの先生からよもぎ団子の話を聞き、自分たちでも作りたいと考えた。友だちに誘われ取りに行くが、よもぎがよくわからず、保育者に教えてもらいながらも、最後まで一生懸命に摘んでいるなど自然物への興味関心が強い。❷	・友だちに誘われると、一緒に外に出て、園庭散策をしたり、釣ってきたザリガニに餌を上げたりしている。❼・文字に関心があり、お便り書きには熱心に取り組んでいる。	・年長だけでそり遊びに出かけると、まっさらな雪の上に寝転び、転げた後をじっくり観察して「柔らかくて冷たい」と感想を言うなど、自然物に対する感性がすぐれている。⓫また、雪が多いところと少ないところがあることに気づき、「どうしてだろう」と保育者に質問する。
	言葉	・折り紙など簡単な折り方を小さい子どもに言葉で伝えようとするなど言葉に対する関心が強い。❸・折り方の絵を見て「ああでもないこうでもない」と友だちと楽しそうに話しながら折っている。わからないところなどは、積極的に保育者に聞くなどの積極性もみられる。	・友だちに気を遣いすぎて、自分の思いを主張することが少なく、断りたいのに断れず困っている姿がある。❽思いを伝えていくことや必要なことを伝えていけるように援助する。・発表会では、好きな絵本（どんぐりとやまねこ）の劇をすることになり、自分から役に立候補するなど積極的に参加し、当日も大きな声でセリフを言えたことで自信を得たようである。❾	・さまざまなものをじっくりと観察し、「○○と同じかな」「ここがちょっと違う」など気づいたことを言葉で表現する。⓬・発表会で何の劇をするかで話し合いの結果、劇にするには難しく没になった絵本（つるのおんがえし）の内容をよく覚えている。友だちと再現して遊ぶなど、友だちとイメージを重ねて物語の世界を楽しんでいる。⓭
	表現	・絵を描くことも好きで、友だちの洋服を観察しながら丁寧に書いたり、考えた洋服の模様などを描き込んだりと表現が豊かである。❹・絵を描きながら、思うように表現できているときなど自作の歌を歌ったりしている。		・自分なりのイメージをもって絵を描くことが楽しいようで、友だちとあれこれ話しながら完成させている。⓮

Step 3 要録にまとめる

　保育所児童保育要録「保育に関する記録」の作成を、Mの保育の過程の記録から具体的にどのように書くのかを項目ごとに見ていきます。
　保育所児童保育要録をもとに説明していますが、幼稚園幼児指導要録や幼保連携型認定こども園園児指導要録においてもまとめ方は同じです。

「最終年度の重点」

　Mが在籍するクラスの最終年度当初に、全体的な計画に基づき長期の見通しとして設定したクラスの年間目標（図表2-4）のなかから、年間を通して特に重視してきた点を記入します。

図表2-4　クラスの年間目標

法人の理念	健やかで心豊かな子どもに育てるとともに、保護者に信頼され、子育て家庭にやさしい、地域に開かれた保育園を目指す。
保育の目標	・心身共に健康な子ども ・意欲、自主性、思いやりのある子 ・豊かな感性をもつ子
クラスの年間目標	◎衛生的で安全な環境をつくり、一人ひとりの生理的、心理的欲求を十分に満たし、生命の保持と情緒の安定を図る。 ○食に関心をもち、健康な心とからだを育て、自らで健康で安全な生活ができるような力を養う。 ○ほかの人と親しみ、支え合って生活するために、自立心を育て、思いやりの心と人とかかわる力を養う。 ○周囲のさまざまな環境に好奇心と探究心をもってかかわり、それらを生活に取り入れていこうとする力を養う。 ○経験したことや考えたことなどを自分なりの言葉で表現し、相手の話す言葉を聞こうとする意欲や態度を育て、言葉に対する感覚や言葉で表現する力を養う。 ○感じたことや考えたことなどを自分なりに表現することを通して、豊かな感性や表現する力を養い、創造力を豊かにする。

〈最終年度の重点〉
友だちとの生活や遊びのなかで、自分なりにおもしろさを追求したり課題に取り組んだりするなど、生活や遊びを自分たちで考えたり話し合ったりしながら進めていこうとする。

「個人の重点」

図表2-3（47頁）のMの保育の過程の記録をもとに、各期を通して、意識して育んできたことや継続して見守ってきたことを抜き出します。それが、この子どもに対して育てたい課題です。また、課題についてどのように配慮してかかわったかも記入します。

各期ごとにMの育ちにおける課題とかかわりについてまとめたものが、図表2-5です。

図表2-5　Mの育ちにおける課題とかかわり（Mの保育の過程の記録から抜粋）

1期	2期	3期
友だちとトラブルを起こすことが少なく、誘われて遊び出すことが多い。一方、相手の気持ちを考えて断り切れない場面も見られる。	友だちと一緒に行動することが多く、自分から気持ちを表現したり、考えて行動することが苦手のようである。	周囲の子から好かれ、誘いを受けて遊ぶことが多い。友だちの気持を優先することが多く、自己主張してぶつかり合う経験や自分で判断して行動する経験がもうひとつである。

〈個人の重点〉
自分のしたいことや気持ちが言える機会をつくりながら、それが相手に受け止められ、話し合ったり、工夫したりして一緒に遊びをつくり上げる楽しさを味わう。

「保育の展開と子どもの育ち」

「保育の展開と子どもの育ち」に記入する内容は次のとおりです。

> ①最終年度の1年間の保育における指導の過程及び子どもの発達の姿について、以下の事項を踏まえ記入すること。
> ・保育所保育指針第2章「保育の内容」に示された各領域のねらいを視点として、子どもの発達の実情から向上が著しいと思われるもの。その際、他の子どもとの比較や一定の基準に対する達成度についての評定によって捉えるものではないことに留意すること。
> ・保育所の生活を通して全体的、総合的に捉えた子どもの発達の姿。
>
> ②就学後の指導に必要と考えられる配慮事項等について記入すること。
>
> ③記入に当たっては、特に小学校における子どもの指導に生かされるよう、保育所保育指針第1章「総則」に示された「幼児期の終わりまでに育ってほしい姿」を活用して子どもに育まれている資質・能力を捉え、指導の過程と育ちつつある姿をわかりやすく記入するように留意すること。その際、別紙資料1に示す「幼児期の終わりまでに育ってほしい姿について」を参照するなどして、「幼児期の終わりまでに育ってほしい姿」の趣旨や内容を十分に理解するとともに、これらが到達すべき目標ではないことに留意し、項目別に子どもの育ちつつある姿を記入するのではなく、全体的かつ総合的に捉えて記入すること。
>
> 下線は筆者

出典:「保育所保育指針の適用に際しての留意事項について　別添1保育所児童保育要録に記載する事項」平成30年3月

▶「幼児期の終わりまでに育ってほしい姿」の視点から保育の過程の記録を振り返る

　図表2-3（47頁）のMの保育の過程の記録のなかに、「幼児期の終わりまでに育ってほしい姿」が子どもの育ちの姿にあらわれているかどうかをみてみます（図表2-6参照）。

図表2-6　M（5歳児・女児）の保育の過程の記録にみる「幼児期の終わりまでに育ってほしい姿」

		1期	2期	3期
養護と教育	健康・人間関係	・登園したら言われなくても身のまわりの整理ができるなど基本的生活習慣は自立している⑦。 ・好きな友だちに誘われると、二輪車乗りに挑戦するなど身体を動かす遊びが好きであり、安定した園生活を送っている。また、絵本を読む⑦など静かな遊びも好きである。 ・友だちとトラブルを起こすことが少なく、やさしい性格のため、誘われて遊び出すことが多い。相手の気持ちを考えて断り切れない場面もみられる。	・友だちと一緒に行動することが多く、自分から気持ちを表現したり、考えて行動することが苦手のようである。 ・運動遊びにおいては意欲的に取り組む⑦。 ・運動会の時に、走りたくないという年少の子に「一緒に手をつなごうか」と誘い、一緒に走るなどしていた。慕われ、話しかけられるとおだやかに受け入れる姿が見られた⑨⑦。	・年長クラスで取り組む縄跳びの活動に積極的に参加し、友だちと一緒にルールを決めて活発に遊ぶなど、意欲的に身体を動かして遊んでいる⑦④。 ・周囲の子どもから好かれ、誘いを受けて遊ぶことが多い。思いやりがあり友だちの気持ちを優先することが多く、自己主張してぶつかり合う経験や自分で判断して行動する経験がもうひとつである。自分がどうしたのかを考えられる経験を積ませたい。
養護と教育	環境	・他クラスの先生からよもぎ団子の話を聞き、自分たちでも作りたいと考えた。友だちに誘われ取りに行くが、よもぎがよくわからず、保育者に教えてもらいながらも最後まで一生懸命に摘んでいる④⑧など自然物への興味関心が強い。	・友だちに誘われると、一緒に外に出て、園庭散策をしたり、釣ってきたザリガニに餌をあげたりしている⑧。 ・文字に関心があり、お便り書きには熱心に取り組んでいる⑦。	・年長だけでそり遊びに出かけると、まっさらな雪の上に寝転び、転げた後にじっくり観察して「柔らかくて冷たい」などの感想を言うなど、自然物に対する感性がすぐれている⑧⑦⑩。また、雪が多いところと少ないところがあることに気づき、「どうしてだろう」と保育者に質問する⑥。
養護と教育	言葉・表現	・折り紙など簡単な折り方を小さい子に言葉で伝えようとするなど言葉に対する関心が強い⑦⑦⑩。 ・折り方の絵を見て「ああでもないこうでもない」と友だちと楽しそうに話しながら折っている⑦⑦。わからないところなどは、積極的に保育者に聞くなどの積極性もみられる。 ・絵を描くことも好きで、友だちの洋服を観察しながら丁寧に描いたり、考えた洋服の模様などを描き込んだりと表現が豊かである⑦⑥。 ・絵を描きながら、思うように表現できているときなど自作の歌を歌ったりしている④⑩。	・友だちに気を遣いすぎて、自分の思いを主張することが少なく、断りたいのに断れず困っている姿がある。思いを伝えていくことや必要なことを伝えていけるように援助する。 ・発表会では、好きな絵本（どんぐりとやまねこ）の劇をすることになり、自分から役に立候補するなど積極的に参加し、当日も大きな声でセリフを言えたことで自信を得たようである⑦。	・さまざまなものをじっくりと観察し、「○○と同じかな」「ここがちょっと違う」など気づいたことを言葉で表現する⑥⑦。 ・発表会で何の劇をするかで話し合いの結果、劇にするには難しく没になった絵本（つるのおんがえし）の内容をよく覚えている。友だちと再現して遊ぶなど、友だちとイメージを重ねて物語の世界を楽しんでいる⑩。 ・自分なりのイメージをもって絵を描くことが楽しいようで、友だちとあれこれ話しながら完成させている⑩⑦。

記録中の⑦④…は、下記をあらわします。
⑦健康な心と体、④自立心、⑨協同性、⑩道徳性・規範意識の芽生え、⑦社会生活との関わり、⑥思考力の芽生え、⑧自然との関わり・生命の尊重、⑦数量や図形、標識や文字などへの関心・感覚、⑦言葉による伝え合い、⑩豊かな感性と表現

▶各期ごとに育ちの姿をとらえる

「保育の展開と子どもの育ち」の欄には、図表2-6（51頁）をもとに、保育所保育指針第2章「保育の内容」に示された各領域のねらいを視点として、Mの発達の実情から向上が著しいと思われるものを保育所の生活を通して全体的、総合的にとらえた子どもの発達の姿として記入することになります。

図表2-6から、各期のMの育ちを全体的・総合的に捉えるために整理したのが図表2-7です。

Mの個人の指導の重点として「自分のしたいことや気持ちが言える機会をつくりながら、それが相手に受け止められ、話し合ったり、工夫したりして一緒に遊びをつくり上げる楽しさを味わう」をあげています。子どもの各期の育ちの全体像もそこに焦点をあてて整理しています。

図表2-7　Mの各期の育ちの全体像

1学期	2学期	3学期
・体を動かすことは好きだが、友だちに誘われておこなう。 ・興味のあること（よもぎとり、折り紙、絵を描くなど）に、保育者に聞いたり、自分から観察したり考えたりしてじっくりと取り組む。 ・友だちとの関係においては、自分から誘うというより、誘われて遊び出すことが多い。 ・小さい子どもにはやさしく教えてあげたりする。	・運動遊びに意欲的になる。 ・好きなこと（手紙書き、好きな絵本の劇の役など）には積極的に取り組む。 ・サリガニの餌やりに熱心に取り組む。 ・友だちとのかかわりにおいては気遣いからか、誘われて遊び出す。小さい子どもを労わりかかわるので慕われる。	・縄跳びでは、友だちとルールを決めて意欲的に取り組む。 ・雪と全身でかかわり、できた形状を見たり触ったりとじっくり観察して感想を言う。わからないことは保育者に聞く。 ・自分の好きなこと（好きな絵本の再現、絵を描くことなど）においては、積極的に友だちとかかわりながらじっくりと楽しむ。

▶Mの育ちつつある姿を要録にまとめる

　Mの育ちの全体像（図表2-7）をとらえて「保育の展開と子どもの育ち」を記述します。

　その際、保育所保育指針第1章「総則」に示された「幼児期の終わりまでに育ってほしい姿」を活用してMに育まれている資質・能力をとらえ（51頁の図2-6参照）、指導の過程と育ちつつある姿をわかりやすく記入するようにします。また、幼児期の終わりまでに育ってほしい姿を一つずつあげて記述するのではなく、最終年度のMの育ちの姿を、全体的かつ総合的にとらえて記入することになります。当然のことですが、ほかの子どもとの比較や一定の基準に対する達成度についての評定によってとらえるものではないことに留意します。

〈保育の展開と子どもの育ち〉

当初は、興味のあること（体を動かすこと、折り紙、絵を描くなど）には積極的に取り組むが、遊び出すきっかけは、友だちに誘われてという場面が多かった。保育者に自分の気持ちを表現できるように支えられながらも、友だちと好きなことに取り組む経験を重ねるなかで、好きな遊びにさらに意欲的になった。

また、好きな遊びのレパートリーを広げ（手紙書き、絵本の劇遊びなど）、発表会では役に自分から立候補し、積極的に取り組んだ。自分から希望して役に取り組んだことに自信を得て、友だちとのかかわりも活発になり（相談して、縄跳びのルールをつくるなど）じっくりと遊び込むようになった。

また、Mは自然への興味（よもぎとり、ザリガニ、雪の性質や状態など）も旺盛であり、その採取の仕方や、不思議に思うことなどをじっくりと観察し、疑問に思ったことなどを積極的に聞いて知ろうとする気持ちが強い。

以上のようなMの育ちは、Mの興味から遊び込むことを支援した結果と考える。このMらしさを尊重し、今後も伸ばしていきたい点である。

「最終年度に至るまでの育ちに関する事項」

　Mの入所時から最終年度に至るまでの育ちに関して、最終年度における保育の過程とMの育ちの姿を理解するうえで、特に重要と考えられることを記入します。
　ここでは主に、入所時の記録（保護者記入の発育状況表など）と、1～5歳児クラス時の保育の過程の記録をもとに記入します。

〈最終年度に至るまでの育ちに関する事項〉
入所した当初は、母親から離れる際に不安から泣いていたが、保育者と一緒に遊んだりするなかで、好きな遊びをするようになる。その後、徐々に身のまわりのことに興味をもつなど安定して園生活を送っていた。幼児クラス進級当初、新しい保育者に躊躇したり、よく遊んでいた友だちの強い口調に苦手意識をもって登園を渋ることもあったが、4歳児クラスの終わりごろには、好きな遊びや当番活動に意欲的になってきた。
最終年度は好きな遊びに意欲的に取り組んだりするなかで、友だちともよく遊ぶようになってきた。

 ## 「特に配慮すべき事項」

　子どもの健康の状況など、就学後の指導における配慮が必要なこととして、特記すべき事項がある場合に記入します。Mの場合は、この欄は「特記事項なし」となります。

　要録作成に関するその他の配慮事項として、要録は子どもや家族の個人情報であり、記載内容に関して保護者と相談しながら、あるいは開示要求があった場合には開示されるものであることを留意しなければなりません。子どもの育ちや保育所での生活の様子を小学校に伝えることの意味（よりよい育ちを願って書くものであること）をよく考え、否定的ではなく育ちの過程にある姿であることをふまえて書くことになります。
　特に障害をもっている子どもについては、ほかの相談機関と連携して、必要に応じて書類を別添します。この場合も保護者の承諾が必要になります。

第3章

育ちつつある姿の書き方
―保育の5領域と「幼児期の終わりまでに育ってほしい姿」を意識して

「子どもの発達の姿」をどのように「5領域」の視点からとらえ「幼児期の終わりまでに育ってほしい姿」につなげて表現するのかを、事例をもとに3つの手順に沿って説明します。

子どもの育ちつつある姿を意識する

　第1章で説明したように、幼稚園幼児指導要録、保育所児童保育要録、幼保連携型認定こども園園児指導要録とも、「子どもの発達の姿」を「各領域のねらい」でとらえ、「幼児期の終わりまでに育ってほしい姿」（10の姿）をふまえて表現することが求められています。

　この「幼児期の終わりまでに育ってほしい姿」は到達目標ではなく、小学校以降につないでいく子どもの育ちつつある姿です。つまり要録には、子どもがどのような発達過程にあるか、それがどのような経過をたどると考えられるかを書く必要があります。

　そのためには、子ども一人ひとりが興味・関心をもって取り組んでいる活動（遊び）を通して、その子どもに何が育ちつつあるかを意識することが大切です。逆に、「活発で自己主張が激しい○○くん」「おとなしく、絵本が好きな○○ちゃん」など、その子どもの姿を評価する書き方は避けるべきだということです。

子どもの遊びの姿と保育者の援助

子どもの活動が展開するには、それを支えるための保育者の援助が必要です。活動の様子を観察し、それぞれに応じた支援をします。

①なんとなく遊んでいる段階 ➡ もっと遊びが楽しくなるにはどうしたらよいかを考えて援助し、子ども同士の関係を仲立ちしながら遊びの楽しさを広げていくような援助が必要

②楽しんで遊んでいる段階 ➡ 遊びの楽しさや、遊びのイメージ、子どもがどのようなことをしたいのかといった思いが表出しやすい援助が必要

③夢中になって遊んでいる段階 ➡ 「直接的なかかわり」「言葉かけ」「保育環境の工夫」を含んだ援助が必要

日々の保育を記録する
子どもの姿を記録する

それぞれの子どもの遊びの違いに気づいて記録する

　イラストは、7月のある日の「砂遊び」の場面です。

　5歳児が数人、園庭の砂場で遊んでいます。どの子どもも「砂遊び」をしているのは同じですが、それぞれが取り組んでいる遊びは大きく違います。子どもが何を楽しんでいるのか、何に気づき、何ができるようになってきたのかなど、一人ひとりがどのような活動をし、そこから何を経験しているかを記録します。

　ここでは、砂を水で湿らせて泥だんごを作っているAに注目して、記録の方法を考えてみます。

5歳児・7月

パッと見たら「砂遊び」ですが、どのようなことを経験し、何が育っているのでしょう？

砂をすくって器に入れてままごとをしている

友だちと力を合わせて大きな山を作っている

砂を水で湿らせて泥だんごを作っているA

第3章　育ちつつある姿の書き方

Step 2 1年間の保育記録を振り返る
記録を振り返り、子どもの育ちを読み解く

保育記録からAが夢中になって取り組んだ「砂遊び」を通して、Aの育ちを5領域でとらえ、保育の過程の記録にまとめます。

各期の保育の過程の記録
4〜7月　8〜11月　12〜3月

Aの姿	保育者のとらえ
●ひとりで泥だんごづくりに熱中している。 ●砂を水で湿らせ、両手でおにぎりを握るようにギュッと固めながら作っている。 ●2個、3個と目の前に並べながら、より固いだんごを作ろうとしている。	●前年、年長児が作っていた黒光りする泥だんごをイメージし、自分も同じものを作りたいと挑戦している姿がある。 ●1個作るごとに、水の量や握り方などを変えて工夫しながら、より固いだんごづくりに取り組んでいる。 ●長時間、集中していることを評価したい。 ●同じ泥だんごづくりに取り組んでいる友だちには興味を示さない。友だちと工夫した点を伝え合い、協力しながら作ることでよりよいものができる経験につなげていきたい。

🔍 資質・能力をあらわした5領域のねらいの視点から、Aの経験していることを読み取る

Aに育っていることを具体的にとらえる

健康
●興味をもった活動に意欲的に取り組んでいる
●手先の細かな動きを経験することで、手先の巧緻性が育ちつつある

人間関係
●ひとりで遊ぶことを楽しんでいる

環境
●砂という自然素材に触れあうなかで、感触を楽しむとともに、素材の特徴にも関心を示している

表現
●自分のイメージするものを工夫して作り出そうとしている

言葉
●言葉等は発せず、黙っている

5か月経った12月、Aの遊びの変化を以下のようにとらえ、振り返ります。

各期の保育の過程の記録　　4～7月　8～11月　**12～3月**

Aの姿	保育者のとらえ
● より固い泥だんごが作れるようになるとともに、乾いた砂をかけてはこすり、光らせることができるようになった。また、同じ大きさのだんごを作り、並べるようになった。 ● 黒光りする泥だんごに興味をもった友だちが「すごいね」「きれいだね」などと話しかけると、得意げに作り方を説明している。 ● 保育者に「先生、見て見て」と見せに来る。	● 工夫を重ねて自分のイメージするものが作れるようになったことから、泥だんごづくりに自信をもって取り組んでいる。 ● 友だちに認めてもらい、自信を深めているようだ。ほめ言葉を期待した「先生見て」という言葉からもうかがい知れる。 ● 「先生、見て」の言葉に応え、「固いのが作れるようになったね」とほめると、うれしそうにしている。 ● これまで友だちとはあまりかかわろうとしなかったが、泥だんごを通じてならば会話が弾むようだ。泥だんごづくりを媒介として、人間関係が深まることを期待し、ほかの子どもにも時々「Aくんのお団子すごいよ」と声をかけてみた。

🔍 資質・能力をあらわした5領域のねらいの視点から、Aの経験していることを読み取る

Aに育っていることを具体的にとらえる

健康
● だんごを丸めて固める、まんべんなく砂をかける、壊さないように注意しながらこする、という複雑な手先の動きができる

人間関係
● 友だちに認めてもらい、自信を深めている
● 保育者に見てほしいという思いがある
● 友だちと一緒に作りたいという気持ちが生まれている

環境
● 砂のサラサラとした感触を楽しみ、性質の違いをうまく利用して黒く光るように工夫している
● だんごの大きさを揃えて作り、きれいに並べている

表現
● イメージに近づけるために工夫する力を身につけ、人に伝えることもできている

言葉
● 自分が工夫して編み出したやり方を言葉で説明している
● 「先生、見て見て」と保育者や友だちに自分から声をかけている

第3章　育ちつつある姿の書き方

Step 3 要録にまとめる
振り返りを要録につなげる

保育の過程の記録から、遊びの広がりや深まり（活動の展開）を通して、どのような経験をし、子どもの内面に何が育ちつつあるかを5領域の視点から考えます。

次に、5領域でとらえたAの育ちつつある姿を「幼児期の終わりまでに育ってほしい姿」の視点に置き換えて振り返ります。

各期の保育の過程の記録　
4～7月　8～11月　12～3月

5領域でとらえたAの育ちつつある姿

健康
イメージどおりの泥だんごを作るために集中して取り組み、工夫を重ねた

人間関係
はじめはひとりで取り組んでいたのが、同じ興味・関心をもつ友だちとかかわりながら進めるようになった

環境
砂という素材の特徴を知り、扱いが上手になった

言葉
「自分でできた」という思いから自信を深め、それが保育者や友だちとのコミュニケーションにもよい影響を及ぼしている

表現
自分なりの作り方を編み出し、納得のいく形を作れるようになった

「幼児期の終わりまでに育ってほしい姿」でとらえた、育ちつつある姿

思考力の芽生え
砂の性質や道具の仕組みなどがわかり、どうすればうまく固い泥だんごができるのかに気づき、考える姿が育ちつつある

言葉による伝え合い
友だちの作り方を見ながら、やり方をたずねたり、自分の気づいたことを伝えるなど、言葉による伝え合いを楽しんでいる

自然との関わり・生命の尊重
砂に水を混ぜ合わせると固さが変わることに気づき、砂の性質の不思議さやおもしろさを感じる姿がある

協同性
友だちと一緒に泥だんごを作る際に、友だちのやり方を取り入れ、助け合ったり、工夫しながら取り組む姿がある

豊かな感性と表現
思いどおりにならず葛藤する姿もあったが、自分なりに納得のいく泥だんごを作る手順や表現法を生み出している

記録と振り返りを活かしながら、要録を作成していきます。

その子の子ども像がイメージしやすいように、「どんな活動で」「どんな姿が」「どんな経過をたどって」「どのように育ちつつあるか」を具体的に書くことが大切です。

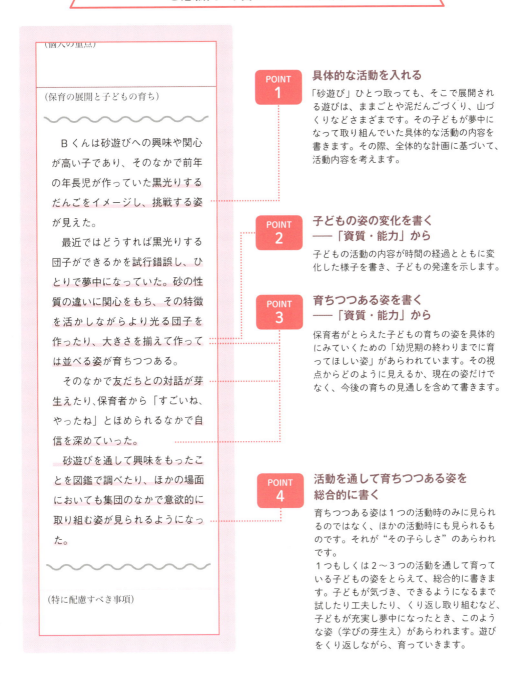

「幼児期の終わりまでに育ってほしい姿」（10の姿）を意識して書いたAの要録

（個人の重点）

（保育の展開と子どもの育ち）

　Bくんは砂遊びへの興味や関心が高い子であり、そのなかで前年の年長児が作っていた黒光りするだんごをイメージし、挑戦する姿が見えた。

　最近ではどうすれば黒光りする団子ができるかを試行錯誤し、ひとりで夢中になっていた。砂の性質の違いに関心をもち、その特徴を活かしながらより光る団子を作ったり、大きさを揃えて作っては並べる姿が育ちつつある。

　そのなかで友だちとの対話が芽生えたり、保育者から「すごいね、やったね」とほめられるなかで自信を深めていった。

　砂遊びを通して興味をもったことを図鑑で調べたり、ほかの場面においても集団のなかで意欲的に取り組む姿が見られるようになった。

（特に配慮すべき事項）

POINT 1　具体的な活動を入れる

「砂遊び」ひとつ取っても、そこで展開される遊びは、ままごとや泥だんごづくり、山づくりなどさまざまです。その子どもが夢中になって取り組んだ具体的な活動の内容を書きます。その際、全体的な計画に基づいて、活動内容を考えます。

POINT 2　子どもの姿の変化を書く
──「資質・能力」から

子どもの活動の内容が時間の経過とともに変化した様子を書き、子どもの発達を示します。

POINT 3　育ちつつある姿を書く
──「資質・能力」から

保育者がとらえた子どもの育ちの姿を具体的にみていくための「幼児期の終わりまでに育ってほしい姿」があらわれています。その視点からどのように見えるか、現在の姿だけでなく、今後の育ちの見通しを含めて書きます。

POINT 4　活動を通して育ちつつある姿を総合的に書く

育ちつつある姿は1つの活動時のみに見られるのではなく、ほかの活動時にも見られるものです。それが"その子らしさ"のあらわれです。

1つもしくは2〜3の活動を通して育っている子どもの姿をとらえて、総合的に書きます。子どもが気づき、できるようになるまで試したり工夫したり、くり返し取り組むなど、子どもが充実し夢中になったとき、このような姿（学びの芽生え）があらわれます。遊びをくり返しながら、育っていきます。

子どもの育ちつつある姿の書き方について、ケーススタディを通して理解を深めます。

ケーススタディ1：ままごと遊びをする姿を見て

Step 1 日々の保育を記録する　それぞれの子どもの遊びの違いに気づいて記録する

6月のある日の「ままごと遊び」の場面です。

5歳児が数人、ままごとコーナーで遊んでいます。どの子どもも「ままごと遊び」は同じですが、それぞれが経験していることは違うことを意識して記録します。

Step 2 1年間の記録を振り返る

ここでは、料理をお皿に入れて友だちにふるまっている女児Bの保育記録を通して、Bの育ちを5領域で振り返り、保育の過程の記録にまとめます。

各期の保育の過程の記録　 4～7月　 8～11月　 12～3月

Bの姿	保育者のとらえ
●「遊びに来てね」とBが声をかけ、3人の友だちをテーブルに座らせた。 ● 3枚のお皿を並べ、「Aくんの」「Dちゃんの」とつぶやきながら、スパゲティに見立てた黄色いチェーンリングを入れる。 ● 途中でEが「入れて」と声をかけたが、「今日はお誕生会だから、呼ばれた人しか来ちゃだめ」と断った。	● 家庭でのBの誕生会を再現していると思われる。楽しかった経験を友だちと共有したいという気持ちが育っているとわかる。 ● 自分から遊びを提案し、友だちをリードして遊んでいる姿に成長を感じる。一方で、「入れて」とやって来たEを断ったことは、友だちの気持ちに気づけていないのではと気になる。いろいろな友だちと遊んだり、思いを受け止めることが今後の課題である。

🔍 資質・能力をあらわした5領域のねらいの視点から、Bの経験していることを読み取る

Bに育っていることを具体的にとらえる

健康
- さまざまな遊びの活動に親しみ、試したり工夫している
- 自分のしたい遊びに意欲的に取り組んでいる

人間関係
- 自ら友だちに声をかけ、大好きなままごとで遊んでいる
- 友だちの気持ちを思いやることは十分ではない

環境
- 遊びの場としてままごとコーナーを選択している
- 自分がしたい遊びに必要なものを揃えている

表現
- 自分が楽しかった経験を友だちと共有したいという思いがある

言葉
- 「遊びに来てね」など、言葉で説明している

5か月経った11月、Bの遊びの変化をとらえ、振り返ります。

各期の保育の過程の記録　4～7月　8～11月　12～3月

Bの姿

- 登園すると、すぐにままごとコーナーに向かう。「パーティ」と称し、いつものメンバーとともに、ままごと道具を使って料理やケーキを用意し、折り紙などで飾りつけをしている。
- 折り紙で飾りつけをするなかで、折り鶴に興味をもち、保育者に教わりながら鶴を折っている。
- 折り鶴に取り組む姿に興味を示したEが近寄ると、「一緒にやろう」と折り紙を手渡した。
- 初めて取り組むEにていねいに折り方を教えている。

保育者のとらえ

- Bが提案する形で何度もくり返しパーティごっこをするなかで、「パーティ」のイメージが友だちと共有できてきた。
- 料理やケーキ、飾りつけなど、それぞれが自分の役割を認識し、スムーズに作業に入っている。人数分の皿を用意する、均等に食べ物をのせるなど、数の理解が進んでいることがわかる。
- 折り紙で飾りつけをするなかで、保育者が提案した折り鶴に興味を示し、最近では折り鶴に活動の中心が移ってきた。
- 以前Eが「入れて」と言ってきたときは断っていたが、今回は快く受け入れた。

🔍 資質・能力をあらわした5領域のねらいの視点から、Bの経験していることを読み取る

Bに育っていることを具体的にとらえる

健康
- 料理の具材にするためにチェーンリングをつなげたり、鶴を折るなど、手先の巧緻性が育ちつつある

人間関係
- 友だちとイメージを共有しながら、協力し合い、遊びの質を深めている
- 「入れて」と言った友だちの気持ちを思いやることができている

環境
- 家庭での経験やテレビなどで知った「パーティ」のイメージを、ままごとコーナーに再現している

表現
- 折り鶴をつなげる際、色の順番を工夫するなど、自分なりに「美しい」と思う飾りをイメージしてつくり出している

言葉
- 「みんなでやろう」「一緒に折ろう」など、自分の思いを言葉にして友だちに伝えている

第3章　育ちつつある姿の書き方

Step 3 要録にまとめる

　保育の過程の記録から、Bの活動の展開を通して、どのような経験をし、子どもの内面に何が育ちつつあるかを5領域の視点から考えます。

　次に、5領域でとらえたBの育ちつつある姿を「幼児期の終わりまでに育ってほしい姿」の視点に置き換えて振り返ります。

各期の保育の過程の記録

5領域でとらえたBの育ちつつある姿

- **健康**：パーティの飾りつけをきっかけに折り鶴に出会い、見通しをもって行動し、集中して取り組むなかで手先の細やかな動きを習得している
- **人間関係**：人の気持ちを思いやり、人に嫌な気持ちをさせないためにはいまどのように行動すべきかを考え、よいと思う行動を選択できるようになってきた
- **環境**：パーティという魅力的な事象に出会ったことから、その楽しさを友だちと共有し、保育室に再現したいという思いが深まっている
- **言葉**：自分のイメージを形にするために「一緒に折ろう」と会話をし、日々言葉の力が高まっている
- **表現**：折り鶴を色分けしてつなげるなど、感じたことや考えたことなど表現に工夫をこらすようになっている

「幼児期の終わりまでに育ってほしい姿」でとらえ、育ちつつある姿

- 健康な心と体
- 思考力の芽生え
- 協同性
- 言葉による伝え合い
- 豊かな感性と表現

「幼児期の終わりまでに育ってほしい姿」（10の姿）を意識して書いた B の要録

性別		（個人の重点）
	ねらい **（発達を捉える視点）**	
健康	明るく伸び伸びと行動し、充実感を味わう。	（保育の展開と子どもの育ち）
	自分の体を十分に動かし、進んで運動しようとする。	
	健康、安全な生活に必要な習慣や態度を身に付け、見通しをもって行動する。	
人間関係	保育所の生活を楽しみ、自分の力で行動することの充実感を味わう。	ままごと遊びを発展させたパーティごっこでは、家庭や絵本などで見たパーティのイメージを再現しようと友だちとさまざまな料理や飾りつけを試したり、食器を数えたりと、工夫する姿が見られた。飾りつけに折り紙を使ううち、折り鶴に興味を示し、保育者に教えてもらいながら折り方がわかり、できるようになった。より手先の巧緻性が育ちつつあるとともに、これまであまりふれあう機会がなかった友だちに会話をしながらていねいに教える姿がみられるなど、人とのさまざまなかかわりを通して気づき、相手の気持ちを考えてかかわっている姿がみられる。また、人間関係も広がりつつある。
	身近な人と親しみ、関わりを深め、工夫したり、協力したりして一緒に活動する楽しさを味わい、愛情や信頼感をもつ。	
	社会生活における望ましい習慣や態度を身に付ける。	
環境	身近な環境に親しみ、自然と触れ合う中で様々な事象に興味や関心をもつ。	
	身近な環境に自分から関わり、発見を楽しんだり、考えたりし、それを生活に取り入れようとする。	
	身近な事象を見たり、考えたり、扱ったりする中で、物の性質や数量、文字などに対する感覚を豊かにする。	
言葉	自分の気持ちを言葉で表現する楽しさを味わう。	
	人の言葉や話などをよく聞き、自分の経験したことや考えたことを話し、伝え合う喜びを味わう。	
	日常生活に必要な言葉が分かるようになるとともに、絵本や物語などに親しみ、言葉に対する感覚を豊かにし、保育士等や友達と心を通わせる。	
表現	いろいろなものの美しさなどに対する豊かな感性をもつ。	（特に配慮すべき事項）
	感じたことや考えたことを自分なりに表現して楽しむ。	
	生活の中でイメージを豊かにし、様々な表現を楽しむ。	

10の姿
- 思考力の芽生え
- 協同性
- 豊かな感性と表現

10の姿
- 健康な心と体

10の姿
- 言葉による伝え合い

10の姿
- 思考力の芽生え
- 協同性

第3章　育ちつつある姿の書き方

ケーススタディ2：絵本の読み聞かせでの姿を見て

Step 1　日々の保育を記録する　それぞれの子どもの遊びの違いに気づいて記録する

7月のある日の「絵本の読み聞かせ」の場面です。
5歳児クラスで保育者が絵本の読み聞かせをしています。

Step 2　1年間の保育記録を振り返る

ここでは、ふだんから活発で静かに座っていることが苦手な男児Cの保育記録を通して、Cの育ちを5領域で振り返り、保育の過程の記録にまとめます。

各期の保育の過程の記録　 4～7月　 8～11月　12～3月

Cの姿	保育者のとらえ
●ドッジボールをすることを好む ●隣の子をつついたりするが、保育者の顔を見てやめる ●動物の絵本には興味を示さない。	●ドッジボールを楽しんでいて、やり続けたかったところを中断させたことで、葛藤する姿がみられる。今後は、キリのよいところまで待ちたい。 ●保育者の仲立ちによる、しなければならないことを自覚する姿が見られるようになった。「自分で考えてやめられたね」と保育者が認めることで自信をもった。 ●動物が主人公の内容に興味をもちにくいのかもしれない。今後は、Cが好みそうな冒険物語なども読み聞かせてみたい。

🔍 資質・能力をあらわした5領域のねらいの視点から、Cの経験していることを読み取る

Cに育っていることを具体的にとらえる

健康
●友だちと一緒に自分の興味のあるドッジボールに夢中になっている
●まわりの様子から自分のとるべき行動が考えられる

人間関係
●ドッジボールでは、互いの思いや考えを意識して遊んでいる

環境
●ドッジボールを楽しみながら、やり続けたい気持ちと次の活動への思いがあり、葛藤する姿がみられる

表現
●絵本の内容にイメージが湧かずにいる

言葉
●言葉は発せず、黙っている

5か月経った12月、Cの姿を振り返ります。

各期の保育の過程の記録

Cの姿

- ドッジボールをしている途中で、「あと何分くらい？」と保育者にたずねている。
- イライラせず、落ち着いて座れている。
- 「先生、続きはどうなるの？」と聞いてくる。文字は読めないが、絵本を自分で開いている姿がある。
- 冒険物語の内容に興味を示し、園庭で「冒険ごっこ」をする姿がある。

保育者のとらえ

- 外遊びに満足した時間帯を見計らって絵本の読み聞かせを始めることで、絵本にも気持ちを向ける余裕が出てきたようだ。
- 少し長めの物語を毎日、少しずつ読み聞かせることで、次回を楽しみにする気持ちが育っている。続きはどうなるのだろうという気持ちから、文字への興味につなげていきたい。
- 絵本の内容自体に興味をもてるようになっている。もっといろいろなジャンルの絵本を読み聞かせ、興味の幅を広げていきたい。

🔍 資質・能力をあらわした5領域のねらいの視点から、Cの経験していることを読み取る

Cに育っていることを具体的にとらえる

健康
- 一定の時間、落ち着いて座っていられる

人間関係
- 集団で同じ経験をすることの楽しさが味わえるようになっている

環境
- ドッジボールの楽しみが深まるなかで、見通しをもった行動や気持ちを切り替える姿がみられる。友だちとの関係が育ち、他の活動への興味が広がっている

表現
- 絵本の内容からイメージして、ごっこ遊びに発展させている

言葉
- 「続きはどうなるの？」と次回を楽しみにする言葉を保育者にかけている
- 絵本の中の文字に興味を示している

Step3 要録にまとめる

Cの「絵本の読み聞かせ」の場面を観察した記録から、Cがどのような経験をし、内面に何が育ちつつあるかを5領域の視点から考えます。

次に、5領域でとらえたCの育ちつつある姿を「幼児期の終わりまでに育ってほしい姿」の視点に置き換えて振り返ります。

各期の保育の過程の記録　4～7月　8～11月　12～3月

5領域でとらえたCの育ちつつある姿　　「幼児期の終わりまでに育ってほしい姿」でとらえ、育ちつつある姿

領域	5領域でとらえたCの育ちつつある姿	幼児期の終わりまでに育ってほしい姿
健康	自分のやりたいことで心と身体を満たしてから絵本の読み聞かせをおこなうことで、一定の時間、見通しをもって落ち着いて座る行動ができるようになってきている	道徳性・規範意識の芽生え
人間関係	ごっこ遊びの場面では、友だちと一緒に表現する過程を楽しみ、豊かな感性が育っている	協同性
環境	必要に応じて互いの思いや考えを共有し、葛藤しながら自分の気持ちを調整し、集団行動が取れるようになり、協同性が育ってきている	社会生活の関わり
言葉	絵本の続きが知りたいことから絵本を広げ、文字に興味を示している	数量や図形、標識や文字などへの関心・感覚
表現	絵本の内容に刺激を受けて、考え、表現し、工夫する思考力の芽生えがありごっこ遊びに発展させている	豊かな感性と表現

「幼児期の終わりまでに育ってほしい姿」（10の姿）を意識して書いたCの要録

性別	ねらい （発達を捉える視点）	（個人の重点）	
		（保育の展開と子どもの育ち）	
健康	明るく伸び伸びと行動し、充実感を味わう。		
	自分の体を十分に動かし、進んで運動しようとする。		
	健康、安全な生活に必要な習慣や態度を身に付け、見通しをもって行動する。		
人間関係	保育所の生活を楽しみ、自分の力で行動することの充実感を味わう。		
	身近な人と親しみ、関わりを深め、工夫したり、協力したりして一緒に活動する楽しさを味わい、愛情や信頼感をもつ。		
	社会生活における望ましい習慣や態度を身に付ける。		
環境	身近な環境に親しみ、自然と触れ合う中で様々な事象に興味や関心をもつ。		
	身近な環境に自分から関わり、発見を楽しんだり、考えたりし、それを生活に取り入れようとする。		
	身近な事象を見たり、考えたり、扱ったりする中で、物の性質や数量、文字などに対する感覚を豊かにする。		
言葉	自分の気持ちを言葉で表現する楽しさを味わう。		
	人の言葉や話などをよく聞き、自分の経験したことや考えたことを話し、伝え合う喜びを味わう。		
	日常生活に必要な言葉が分かるようになるとともに、絵本や物語などに親しみ、言葉に対する感覚を豊かにし、保育士等や友達と心を通わせる。		
表現	いろいろなものの美しさなどに対する豊かな感性をもつ。		
	感じたことや考えたことを自分なりに表現して楽しむ。		
	生活の中でイメージを豊かにし、様々な表現を楽しむ。		

（保育の展開と子どもの育ち）

活動的な遊びを好むCは、読み聞かせで出会った絵本から友だち同士の関係を通してどういう言い方をすればよいのかを考える姿がみられた。 ← **10の姿**　●道徳性・規範意識の芽生え　●社会生活の関わり

いろいろな活動のなかでのやってみたいことを試したり考えたりしながら、園庭で「探検ごっこ」を展開する姿がみられた。木の実を集めて宝ものに見立てたり、友だちと協力しながら砂場に「探検基地」をつくるなど、みんなでイメージを共有しながら遊ぶ姿が育ちつつある。 ← **10の姿**　●豊かな感性と表現

より遊びを発展させるために保育者が宝の地図づくりを提案したことを受けて取り組むなかで、文字に興味を示し、教えたことを文字にするなど、活動や遊びのなかで絵本に親しみながら、活動の幅が広がっている。 ← **10の姿**　●協同性　●豊かな感性と表現

← **10の姿**　●数量や図形、標識や文字などへの関心・感覚

（特に配慮すべき事項）

第3章　育ちつつある姿の書き方

「幼児期の終わりまでに育ってほしい姿」

10の姿	具体的な視点
健康な心と体	園の生活のなかで、充実感をもって自分のやりたいことに向かって心と体を十分に働かせ、見通しをもって行動し、自ら健康で安全な生活をつくり出すようになる。 ・充実感をもって自分のやりたいことに向かっていく ・自分のやりたいことに心と体を十分に働かせる ・見通しをもって行動する ・自ら健康で安全な生活をつくり出す
自立心	身近な環境に主体的にかかわりさまざまな活動を楽しむなかで、しなければならないことを自覚し、自分の力でおこなうために考えたり、工夫したりしながら、あきらめずにやり遂げることで達成感を味わい、自信をもって行動するようになる。 ・環境に主体的にかかわる ・さまざまに活動を楽しむ ・しなければならないことを自覚する ・自分の力でおこなうために考えたり、工夫したりする ・あきらめずにやり遂げて達成感を感じる ・自信をもって行動する
協同性	友だちとかかわるなかで、互いの思いや考えなどを共有し、共通の目的の実現に向けて、考えたり、工夫したり、協力したりし、充実感をもってやり遂げるようになる。 ・互いの思いや考えなどを共有する ・共通の目的の実現に向けて、考えたり、工夫したり、協力したりする ・（友だちとともに）充実感をもってやり遂げる
道徳性・規範意識の芽生え	友だちとさまざまな体験を重ねるなかで、してよいことや悪いことがわかり、自分の行動を振り返ったり、友だちの気持ちに共感したりし、相手の立場に立って行動するようになる。また、きまりを守る必要性がわかり、自分の気持ちを調整し、友だちと折り合いをつけながら、きまりをつくったり、守ったりするようになる。 ・（友だちとさまざまな体験を重ねるなかで）してよいことや悪いことがわかり、自分の行動を振り返る ・（友だちとさまざまな体験を重ねるなかで）友だちの気持ちに共感したりし、相手の立場に立って行動している ・きまりを守る必要性がわかり、守ろうとする ・自分の気持ちを調整し、友だちと折り合いをつけている
社会生活との関わり	家族を大切にしようとする気持ちをもつとともに、地域の身近な人とふれあうなかで、人とのさまざまなかかわり方に気づき、相手の気持ちを考えてかかわり、自分が役に立つ喜びを感じ、地域に親しみをもつようになる。また、園内外のさまざまな環境にかかわるなかで、遊びや生活に必要な情報を取り入れ、情報に基づき判断したり、情報を伝え合ったり、活用したりするなど、情報を役立てながら活動するようになるとともに、公共の施設を大切に利用するなどして、社会とのつながりなどを意識するようになる。 ・人とのさまざまなかかわり方に気づいている姿、相手の気持ちを考えてかかわっている ・自分が役に立つ喜びを感じている姿、社会とのつながりなどを意識している ・遊びや生活に必要な情報を取り入れている ・情報に基づき判断したり、情報を活用したりする ・情報を役立てながら活動している

(10の姿)の具体的な視点

子どものどのような姿が「10の姿」につながるか確認します

10の姿	具体的な視点
思考力の芽生え	身近な事象に積極的にかかわるなかで、物の性質や仕組みなどを感じ取ったり、気づいたりし、考えたり、予想したり、工夫したりするなど、多様なかかわりを楽しむようになる。また、友だちのさまざまな考えにふれるなかで、自分と異なる考えがあることに気づき、自ら判断したり、考え直したりするなど、新しい考えを生み出す喜びを味わいながら、自分の考えをよりよいものにするようになる。 ・身近な事象（環境）に積極的にかかわる ・物の性質や仕組みなどを感じ取ったり、気づいたりする ・考えたり、予想したり、工夫したりする ・友だちのさまざまな考えにふれる ・（友だちのさまざまな考えにふれ）自分と異なる考えがあることに気づく ・（友だちのさまざまな考えにふれ）自ら判断したり、考え直したりする ・（友だちのさまざまな考えにふれ）新しい考えを生み出す喜びを感じる ・（友だちのさまざまな考えにふれ）自分の考えをよりよいものにする
自然との関わり・生命尊重	自然にふれて感動する体験を通して、自然の変化などを感じ取り、好奇心や探究心をもって考え言葉などで表現しながら、身近な事象への関心が高まるとともに、自然への愛情や畏敬の念をもつようになる。また、身近な動植物に心を動かされるなかで、生命の不思議さや尊さに気づき、身近な動・植物への接し方を考え、命あるものとしていたわり、大切にする気持ちをもってかかわるようになる。 ・自然にふれて感動する体験をしている姿、自然の変化などを感じ取っている ・好奇心や探究心をもって考え言葉などで表現している ・自然への愛情や畏敬の念をもっている
数量や図形、標識や文字などへの関心・感覚	遊びや生活のなかで、数量や図形、標識や文字などに親しむ体験を重ねたり、標識や文字の役割に気づいたりし、自らの必要感に基づきこれらを活用し、興味や関心、感覚をもつようになる。 ・遊びや生活のなかで、数量や図形、標識や文字などに親しむ体験を重ねている ・標識や文字の役割に気づいたりし、自らの必要感に基づきこれらを活用している
言葉による伝え合い	保育者や友だちと心を通わせるなかで、絵本や物語などに親しみながら、豊かな言葉や表現を身につけ、経験したことや考えたことなどを言葉で伝えたり、相手の話を注意して聞いたりし、言葉による伝え合いを楽しむようになる。 ・先生や友だちと心を通わせている ・絵本や物語などに親しむ ・豊かな言葉や表現を身につけ、経験したことや考えたことなどを言葉で伝えたり、相手の話を注意して聞いたりしている ・（さらに経験したことや考えたことなどについて）言葉による伝え合いを楽しんでいる
豊かな感性と表現	心を動かす出来事などにふれ感性を働かせるなかで、さまざまな素材の特徴や表現の仕方などに気づき、感じたことや考えたことを自分で表現したり、友だち同士で表現する過程を楽しんだりし、表現する喜びを味わい、意欲をもつようになる。 ・心を動かす出来事などにふれ感性を働かせる ・さまざまな素材の特徴や表現の仕方などに気づいている ・感じたことや考えたことを自分で表現している ・友だち同士で表現する過程を楽しんでいる ・（感じたことや考えたことを）表現する喜びを味わい、意欲をもっている

第3章 育ちつつある姿の書き方

第4章

小学校との連携での「要録」の活かし方

小学校における子どもの指導に活かされ、よりよい教育活動が
展開されるために重要な役割をもつ「要録」。
本章では、幼児期の教育と小学校教育の接続の観点から、
具体的な活用法について考えます。

幼児教育と小学校教育の接続と「要録」

① 幼児教育と小学校教育の接続の重要性

　平成28年12月21日に中央教育審議会より示された「幼稚園、小学校、中学校、高等学校及び特別支援学校の学習指導要領等の改善及び必要な方策等について（答申）」（以下、「答申」と表記）では、「高等学校を卒業する段階で身に付けておくべき力は何か」や「義務教育を終える段階で身に付けておくべき力は何か」を踏まえ、幼児教育、小学校教育、中学校教育、高等学校教育それぞれのあり方を考えつつ、幼児教育から高等学校教育までを通じて育むべき資質・能力が3つの柱で明確にされました。

　また、「各教科等で学ぶことを単に積み上げるのではなく、義務教育や高等学校教育を終える段階で身に付けておくべき力を踏まえて、各学校・学年段階で学ぶべき内容を見直すなど、発達の段階に応じた縦のつながりと、各教科等の横のつながりを行き来しながら、教育課程の全体像を構築していくことが可能となる。加えて、幼小、小中、中高の学びの連携・接続についても、学校段階ごとの特徴を踏まえつつ、前の学校段階での教育が次の段階で生かされるよう、学びの連続性を確保することを容易にするものである」（「答申」44頁より引用）として、資質・能力の育成と、子どもたちの発達や成長のつながりの大切さが示されました。

　平成29年改正の幼稚園教育要領、保育所保育指針、幼保連携型認定こども園教育・保育要領においては、3つの施設の類型にかかわらず、3歳児以上の教育・保育はより一層の整合性が図られることになりました（図表4−1）。

　幼児教育において育みたい資質・能力は、幼児教育の特質をふまえ、「知識・技能の基礎」「思考力・判断力・表現力等の基礎」「学びに向かう力・人間性等」と示され、さらに5歳児修了までに育ってほしい姿として「幼児期の終わりまでに育ってほしい姿」が明示されました。保育者と小学校教諭が5歳児修了時の子どもの育ちの姿を共有することにより、幼児教育と小学校教育の接続をより一層促進するために示されたのです。これにともない、幼児教育と小学校教育をつなぐ要録の役割はより高まったといえます。

図表4-1　3法令および学習指導要領にみる保幼小の「連携」

■幼稚園教育要領

第1章 総則　第3 教育課程の役割と編成等
5 小学校教育との接続に当たっての留意事項

> (1) 幼稚園においては、幼稚園教育が、小学校以降の生活や学習の基盤の育成につながることに配慮し、幼児期にふさわしい生活を通して、創造的な思考や主体的な生活態度などの基礎を培うようにするものとする。
>
> (2) 幼稚園教育において育まれた資質・能力を踏まえ、小学校教育が円滑に行われるよう、小学校の教師との意見交換や合同の研究の機会などを設け、「幼児期の終わりまでに育ってほしい姿」を共有するなど連携を図り、幼稚園教育と小学校教育との円滑な接続を図るよう努めるものとする。

■保育所保育指針

第2章 保育の内容　4 保育の実施に関して留意すべき事項　(2)小学校との連携

> ア　保育所においては、保育所保育が、小学校以降の生活や学習の基盤の育成につながることに配慮し、幼児期にふさわしい生活を通じて、創造的な思考や主体的な生活態度などの基礎を培うようにすること。
>
> イ　保育所保育において育まれた資質・能力を踏まえ、小学校教育が円滑に行われるよう、小学校教師との意見交換や合同の研究の機会などを設け、第1章の4の(2)に示す「幼児期の終わりまでに育ってほしい姿」を共有するなど連携を図り、保育所保育と小学校教育との円滑な接続を図るよう努めること。
>
> ウ　子どもに関する情報共有に関して、保育所に入所している子どもの就学に際し、市町村の支援の下に、子どもの育ちを支えるための資料が保育所から小学校へ送付されるようにすること。

■幼保連携型認定こども園教育・保育要領

第1章 総則　第2節 1 教育及び保育の内容並びに子育ての支援等に関する全体的な計画の作成等　(5)小学校教育との接続に当たっての留意事項

①小学校以降の生活や学習の基盤の育成

> ア　幼保連携型認定こども園においては、その教育及び保育が、小学校以降の生活や学習の基盤の育成につながることに配慮し、乳幼児期にふさわしい生活を通して、創造的な思考や主体的な生活態度などの基礎を培うようにするものとする。

②小学校教育との接続

> イ　幼保連携型認定こども園の教育及び保育において育まれた資質・能力を踏まえ、小学校教育が円滑に行われるよう、小学校の教師との意見交換や合同の研究の機会などを設け、「幼児期の終わりまでに育ってほしい姿」を共有するなど連携を図り、幼保連携型認定こども園における教育及び保育と小学校教育との円滑な接続を図るよう努めるものとする。

■小学校学習指導要領

第1章 総則　第2 教育課程の編成　4 学校段階等間の接続

> 教育課程の編成に当たっては、次の事項に配慮しながら、学校段階等間の接続を図るものとする。
>
> (1) 幼児期の終わりまでに育ってほしい姿を踏まえた指導を工夫することにより、幼稚園教育要領等に基づく幼児期の教育を通して育まれた資質・能力を踏まえて教育活動を実施し、児童が主体的に自己を発揮しながら学びに向かうことが可能となるようにすること。
> また、低学年における教育全体において、例えば生活科において育成する自立し生活を豊かにしていくた

めの資質・能力が、他教科等の学習においても生かされるようにするなど、教科等間の関連を積極的に図り、幼児期の教育及び中学年以降の教育との円滑な接続が図られるよう工夫すること。特に、小学校入学当初においては、幼児期において自発的な活動としての遊びを通して育まれてきたことが、各教科等における学習に円滑に接続されるよう、生活科を中心に、合科的・関連的な指導や弾力的な時間割の設定など、指導の工夫や指導計画の作成を行うこと。

■小学校学習指導要領

第2章 各教科　第5節 生活　第3 指導計画の作成と内容の取扱い

1　指導計画の作成に当たっては、次の事項に配慮するものとする。

(4)　他教科等との関連を積極的に図り、指導の効果を高め、低学年における教育全体の充実を図り、中学年以降の教育へ円滑に接続できるようにするとともに、幼稚園教育要領等に示す幼児期の終わりまでに育ってほしい姿との関連を考慮すること。特に、小学校入学当初においては、幼児期における遊びを通した総合的な学びから他教科等における学習に円滑に移行し、主体的に自己を発揮しながら、より自覚的な学びに向かうことが可能となるようにすること。その際、生活科を中心とした合科的・関連的な指導や、弾力的な時間割の設定を行うなどの工夫をすること。

※国語、算数、音楽、図画工作、体育、特別活動においても、上記と同様の記載がされている。

下線は、主な改訂（定）箇所を示す

幼児教育と小学校教育の接続の課題と「要録」

　これまでも子どもの発達や学びの連続性を保障するためには、幼児教育と小学校教育との円滑な接続として、体系的な教育が組織的におこなわれるのが大切だといわれてきました。しかし、その取り組みは遅々として進まない現実がありました。なぜ幼児教育と小学校教育の接続が進まなかったのでしょうか。平成21年11月、文部科学省幼児教育課が都道府県および市町村等に対しておこなった調査結果をもとに考えてみます。

- 「幼稚園と小学校における教育が接続する事は重要であると思う」とほぼ全ての自治体が回答している。つまり、幼稚園教育と小学校教育の接続は、幼稚園が義務教育及びその後の教育の基礎を培ううえで重要であると認識している。
（都道府県教育委員会100％、市町村教育委員会99％）
- ほとんどの都道府県教育委員会（77％）、市町村教育委員会（80％）で幼稚園教育と小学校教育の接続のための取り組みがおこなわれていない。
- その理由として、「幼稚園と小学校の教育課程の接続関係が分からない」「幼稚園教育と小学校教育の違いが十分理解されてない」などの理由が挙げられている。

幼児期の教育と小学校教育の円滑な接続の在り方に関する調査研究協力者会議「幼児期の教育と小学校教育の円滑な接続の在り方について（報告）」平成22年11月をもとに作成

これらからわかるように、幼児教育と小学校教育の間には、教育課程の構成原理やそれにともなう指導方法等、発達段階に応じたさまざまな「違い」が存在します（図表4-2）。これらは、発達の段階を配慮したことによる違いですが、両者の教育は目的・目標が連続性・一貫性をもって構成されているのです。

　しかし、これらの違いが十分理解されていないため、小学校側は幼稚園、保育所等が作成する要録について、その意味や記載されている内容の意図を十分読み取ることができず、子どもの育ちをつなぐための要録としての機能を十分に果たすことができなかったといえます。

　これらのことから、幼児教育と小学校教育の相互理解を進めることを目的に、平成20年告示の幼稚園教育要領においては、小学校の教師との意見交換や合同の研究の機会を設けたりすることが具体的に示されました。また、同時に施行された保育所保育指針においても、職員同士の交流、情報共有や相互理解など小学校との積極的な連携を図るよう具体的な事項がはじめて示されたのです。

図表4-2　幼児教育と小学校教育の違い

項　目	幼児教育	小学校教育
教育のねらい・目標	方向目標（「～味わう」「感じる」等の方向づけを重視）	到達目標（「～できるようにする」といった目標への到達度を重視）
教育課程	経験カリキュラム（一人ひとりの生活や経験を重視）	教科カリキュラム（学問の体系を重視）
教育の方法等	・個人、友だち、小集団 ・「遊び」を通じた総合的な指導 ・教師が環境を通じて幼児の活動を方向づける	・学級・学年 ・教科等の目標・内容に沿って選択された教材によって教育が展開

「要録」を活かした幼児教育と小学校教育の接続

　幼稚園、保育所等は、「幼児期の終わりまでに育ってほしい姿」を踏まえ、子どもに育まれている資質・能力を捉え、指導の過程と育ちつつある姿をわかりやすく記入した要録の作成をおこなうことが大切です。これにより、前の学校段階での教育が次の段階で活かされる「学びの連続性を確保する」ことになります。

　しかし、要録を作成し、事務的に小学校へ送付すればよいということではありません。相互の教育について理解されていなければ、単に小学校へ送付しても児童の指導に十分活かされることなく終わってしまいます。何よりも大切なことは、幼稚園、保育所等と小学校が同じテーブルにつき、要録をもとに一人ひとりの子どもの育ちや集団の育ちの姿を共有することです。

① 「要録」を児童一人ひとりの指導や学級経営に活かす

　小学校に入学する子どもたちは、小学校生活へのあこがれや不安な気持ちなどを抱いて入学してきます。子どもたちが希望をもち、生き生きとした小学校生活をスタートさせるためには、何よりも学習や学校生活の基盤である学級経営が重要です。

　学級経営をおこなううえでもっとも重要なことは、学級担任が、日頃から子ども一人ひとりの実態を把握（児童理解）し、子どもの気持ちを理解し、愛情をもって接することで信頼関係を築くことです。例えば、入学時に「○○さんは、運動が好きで、ドッジボールでは最後まで当たらずに残っていたんだってね。すごいね」と担任の先生から声をかけられると、初めて出会った先生が私のことを知ってくれているという驚きとうれしさを感じます。このように、入学時には、教員と子どもおよび子ども間の好ましい人間関係が生まれるように配慮することが必要です。

　そのために、要録に記載されている事項をもとにクラス全体にかかわること、一人ひとりの学びや育ちにかかわることなどを中心に意見交換をおこない、4月から子どもの実態に即した学級経営をイメージし、学級計画案を作成することが大切です。これらのきめ細かな事前の準備が、子どもが学校や学級の生活によりよく適応し、豊かな人間関係のなかで有意義な学校生活を築くスタートとなります。

" 子どもの育ちを伝え、小学校で安心して生活できる場をつくる "

Aちゃんは消極的な面があり、自分の思いを友だちに伝えたりすることが得意ではありません。
Aちゃんの気持ちを代弁するなどして、自分で気持ちを表現できるように支援してきました

そうですか

まずは自分の気持ちを安心して伝えられる環境をつくることが大切かな。隣に仲のよい友だちがいると、Aちゃんは安心して生活できるかな

園で仲のよい友だちはいますか

Bちゃんとはよく2人で遊んでいます。とても楽しそうです

まずスタートは、仲のよいBちゃんと生活班や係活動など一緒の班にしよう

第4章 小学校との連携での「要録」の活かし方

「要録」をスタートカリキュラムに活かす

　小学校入学後、子どもたちの学びはゼロからスタートするのではありません。幼児教育において育まれた生きる力の基礎を教科等の学びにつなぎ、子どもたちの資質・能力を伸ばしていくことが大切です。そのために、生活科を中心としたスタートカリキュラムが位置づけられています。合科的・関連的な指導や短時間での学習など、授業時間や指導法、環境構成等の工夫をおこないながら、幼児期に総合的に育まれた資質・能力を、各教科等の特質に応じた学びにつなげていくのです。
　これらは平成29年3月に告示された小学校学習指導要領において、次のように示されています。

小学校学習指導要領
第1章 総則　第2 教育課程の編成　4 学校段階等間の接続

> (1)幼児期の終わりまでに育ってほしい姿を踏まえた指導を工夫することにより、幼稚園教育要領等に基づく幼児期の教育を通して育まれた資質・能力を踏まえて教育活動を実施し、児童が主体的に自己を発揮しながら学びに向かうことが可能となるようにすること。
> 　また、低学年における教育全体について、例えば生活科において育成する自立し生活を豊かにしていくための資質・能力が、他教科等の学習においても生かされるようにするなど、教科等間の関連を積極的に図り、幼児期の教育及び中学年以降の教育との円滑な接続が図られるよう工夫すること。特に、小学校入学当初においては、幼児期において自発的な活動としての遊びを通して育まれてきたことが、各教科等における学習に円滑に接続されるよう、生活科を中心に、合科的・関連的な指導や弾力的な時間割の設定など、指導の工夫や指導計画の作成を行うこと。

　スタートカリキュラムにとどまらず、低学年における教育全体においても、これまで以上に幼児教育と小学校教育の円滑な接続を重視した取り組みが求められるようになりました。
　スタートカリキュラム編成にあたっては、幼稚園や保育所での生活や学びに近い活動と小学校での学び方を織り交ぜながら、幼児期の豊かな育ちを小学校で引き継ぎ、さらに高めていくために、要録をスタートカリキュラム編成に活かすことが大切です。

" 学びを教科につなぐ "
―自然との関わり・生命尊重―

季節ごとにいろいろな花の種をまいています。もちろんあさがおも。子どもたちが園庭の好きな場所に種を植えるんです。すると、芽が出て、成長に差がでます。日あたりのよい花壇に植えるとぐんぐん育ち、日陰の木の下に植えるとひょろひょろに。この体験を通して、場所によって育ち方が違うということから、疑問をもっていろいろ調べる活動につながっています。

小学校の生活科では「あさがおを育てよう」という取り組みがありますが、園ではどのような栽培活動をしてきましたか

そうですか

子どもたちと一緒に地域のいろいろな場所の土を集め、種を植えて、育ち方の違いを観察する授業もいいかな

第4章 小学校との連携での「要録」の活かし方

特別な支援の必要な子どもをつなぐ

　発達障害等のある子どもに関して、幼稚園、保育所等でおこなってきた指導・支援の内容や成長記録を小学校につなぐことは、切れ目のない適切な指導や必要な支援につながり、その後の自立や学習に大きな効果があります。しかし、要録だけでは十分に伝えることはできません。

　現在、多くの市町村教育委員会で設置されている「就学支援委員会」や幼稚園・保育所等と小学校との連絡会などの場では、本人・保護者と教育委員会、学校等が話し合い、教育的ニーズや必要な支援・指導への共通理解を深め、引き継ぐなどの取り組みがおこなわれています。

　ここでは、高知県教育委員会で、要録の補助資料として作成される「発達障害等のある幼児児童生徒の支援をつなぐ就学時引き継ぎシート（例）、支援引き継ぎシート（例）」（以下、引き継ぎシートと表記）を紹介します（図表4-3）。

1 引き継ぎシートの目的

　引き継ぎシートは、「子どもたちの将来の自立や社会参加を見通し一人ひとりの教育的ニーズに応じるために、保育所・幼稚園等、小学校・中学校、高等学校および特別支援学校の校種間で、それまでに積み上げた指導や支援を確実に次の学校につなぐ」ことを目的として作成されています。

　目的達成のための留意点として、その子どもの生活の様子や指導・支援の状況を踏まえ、保護者が子どもの教育についてどのようなことを望んでいるかなどを、保護者と共通理解を図るとともに、個別の教育支援計画、個別の指導計画との一貫性や整合性をもって作成することがあげられています。

2 各種様式の役割

引き継ぎシートは４種類から構成されています。

- フェイスシート：対象幼児の基本情報を記載する
- 支援状況シート：対象幼児の保育所・幼稚園等の様子や支援の状況を記載する
- 就学サポートプラン：これまでの個別の指導計画をもとに、支援状況を具体的に記述し、小学校へ引き継ぐ
- 保護者の同意書

これらの補助資料も、単に小学校に送付すればよいというものではありません。資料だけでは伝えることのできない支援の状況を小学校に確実につなぐためには、小学校入学前の話し合いはもちろん、年間を通した計画的な連携が必要です。

小学校では、特別支援教育学校コーディネーターや学級担任等を中心とした校内委員会が必要です。幼稚園、保育所等との話し合いや要録、就学時引き継ぎシートの情報をもとに具体的な支援を検討し、教職員全体で共有し、指導・支援をおこなっていきます。

図4-3　引き継ぎシート（例）

フェイスシート（様式例）　保育所・幼稚園等→小学校等

作成開始日　　年　月　日

（ふりがな） 幼児氏名		性別		生年月日	年　月　日
保護者氏名		本人との続柄		保護者勤務先 （電話番号）	（　　　）
現住所	〒（　－　）			緊急時連絡先 （電話番号）	（　　　）
家族構成				特別児童扶養手当受給の有無	有・無
手帳の有無	有（療育・身体障害・精神障害）・無			等級	
生育歴 （幼児期まで） ・現在の状況	（気になったこと・身体・健康状態・検診での指摘事項等）				
本人・保護者の願い					

通院及び相談歴			
区分	機関名	期間	診断・所見等
通院		年　月～　年　月	
		年　月～　年　月	
		年　月～　年　月	
相談歴		年　月	
		年　月	
		年　月	

現在受けている支援				
分野	機関名	電話番号	担当者名	支援の内容
医療				
保健・福祉				
教育				
地域その他				
受けたい支援・困っていること（緊急度が高いものには◎をつけてください）				

※このシートは、保育所・幼稚園等が保護者から聞き取り記載すること。

支援状況シート（様式例）　保育所・幼稚園等→小学校等

作成日　　年　月　日

本人・保護者の願い	
興味・関心	
得意なこと	
苦手なこと	

配慮や支援が必要な場面			支援	様子	支援内容
生活面 身辺処理面	食事				
	排泄				
	衣服の着脱				
	移動				
	睡眠				
	危険認知				
	その他				
社会性 コミュニケーション	指示の理解				
	言葉によるコミュニケーション				
	人とのかかわり方				
	集団参加				
	ルールの理解・遂行				
	感情のコントロール 注意の集中				
	その他				
健康面 身体機能面	疾病・身体機能				
	見え方				
	聞こえ方				
	姿勢保持				
	粗大運動・微細運動				
	その他				
学びの基盤	事物や場面の理解				
	文字への興味関心	読むこと			
		書くこと			
	数の理解				
	描くこと				
	その他				

※① このシートは小学校入学2～3か月前に記載すること。※②支援を必要とする場面に○を記入すること。

出典：高知県教育委員会「発達障害等のある幼児児童生徒の支援をつなぐ就学時引き継ぎシート（例）、支援引き継ぎシート（例）」

資料

■ 幼稚園及び特別支援学校幼稚部における指導要録の改善について（通知）

別紙1　幼稚園幼児指導要録に記載する事項

別紙2　特別支援学校幼稚部幼児指導要録に記載する事項

別添資料1　幼稚園幼児指導要録（様式の参考例）

別添資料2　特別支援学校幼稚部幼児指導要録（様式の参考例）

■ 保育所保育指針の適用に際しての留意事項について

別添1　保育所児童保育要録に記載する事項

別紙資料1　保育所児童保育要録（様式の参考例）

**■ 幼保連携型認定こども園園児指導要録の改善及び
　認定こども園こども要録の作成等に関する留意事項等について**（通知）

別紙　幼保連携型認定こども園園児指導要録に記載する事項

別添資料　幼保連携型認定こども園園児指導要録（様式の参考例）

■幼稚園及び特別支援学校幼稚部における指導要録の改善について（通知）

29文科初第1814号
平成30年3月30日

各都道府県教育委員会教育長
各　都　道　府　県　知　事　　　殿
附属幼稚園、小学校及び特別支援学校
を置く各国立大学法人学長

文部科学省初等中等教育局長
髙　橋　道　和　　　（印影印刷）

幼稚園及び特別支援学校幼稚部における指導要録の改善について（通知）

　幼稚園及び特別支援学校幼稚部（以下「幼稚園等」という。）における指導要録は、幼児の学籍並びに指導の過程及びその結果の要約を記録し、その後の指導及び外部に対する証明等に役立たせるための原簿となるものです。
　今般の幼稚園教育要領及び特別支援学校幼稚部教育要領の改訂に伴い、文部科学省では、各幼稚園等において幼児理解に基づいた評価が適切に行われるとともに、地域に根ざした主体的かつ積極的な教育の展開の観点から、各設置者等において指導要録の様式が創意工夫の下決定され、また、各幼稚園等により指導要録が作成されるよう、指導要録に記載する事項や様式の参考例についてとりまとめましたのでお知らせします。
　つきましては、下記に示す幼稚園等における評価の基本的な考え方及び指導要録の改善の要旨等並びに別紙1及び2、別添資料1及び2（様式の参考例）に関して十分御了知の上、都道府県教育委員会におかれては所管の学校及び域内の市町村教育委員会に対し、都道府県知事におかれては所轄の学校に対し、各国立大学法人学長におかれてはその管下の学校に対して、この通知の趣旨を十分周知されるようお願いします。
　また、幼稚園等と小学校、義務教育学校の前期課程及び特別支援学校の小学部（以下「小学校等」という。）との緊密な連携を図る観点から、小学校等においてもこの通知の趣旨の理解が図られるようお願いします。
　なお、この通知により、平成21年1月28日付け20文科初第1137号「幼稚園幼児指導要録の改善について（通知）」、平成21年3月9日付け20文科初第1315号「特別支援学校幼稚部幼児指導要録の改善について（通知）」は廃止します。

　　　　　　　　　　　　　記

1　幼稚園等における評価の基本的な考え方
　幼児一人一人の発達の理解に基づいた評価の実施に当たっては、次の事項に配慮すること。
　⑴指導の過程を振り返りながら幼児の理解を進め、幼児一人一人のよさや可能性などを把握し、指導の改善に生かすようにすること。その際、他の幼児との比較や一定の基準に対する達成度についての評定によって捉えるものではないことに留意すること。
　⑵評価の妥当性や信頼性が高められるよう創意工夫を行い、組織的かつ計画的な取組を推進するとともに、次年度又は小学校等にその内容が適切に引き継がれるようにすること。

2　指導要録の改善の要旨
　「指導上参考となる事項」について、これまでの記入の考え方を引き継ぐとともに、最終学年の記入に当たっては、特に小学校等における児童の指導に生かされるよう、「幼児期の終わりまでに育ってほしい姿」を活用して幼児に育まれている資質・能力を捉え、指導の過程と育ちつつある姿を分かりやすく記入することに留意するよう追記したこと。このことを踏まえ、様式の参考例を見直したこと。

3　実施時期
　この通知を踏まえた指導要録の作成は、平成30年度から実施すること。なお、平成30年度に新たに入園、入学（転入園、転入学含む。）、進級する幼児のために指導要録の様式を用意している場合には様式についてはこの限りではないこと。
　この通知を踏まえた指導要録を作成する場合、既に在園、在学している幼児の指導要録については、従前の指導要録に記載された事項を転記する必要はなく、この通知を踏まえて作成された指導要録と併せて保存すること。

4　取扱い上の注意
　⑴指導要録の作成、送付及び保存については、学校教育法施行規則（昭和22年文部省令第11号）第24条及び第28条の規定によること。なお、同施行規則第24条第2項により小学校等の進学先に指導要録の抄本又は写しを送付しなければならないことに留意すること。
　⑵指導要録の記載事項に基づいて外部への証明等を作成する場合には、その目的に応じて必要な事項だけを記載するよう注意すること。
　⑶配偶者からの暴力の被害者と同居する幼児については、転園した幼児の指導要録の記述を通じて転園先、転学先の名称や所在地等の情報が配偶者（加害者）に伝わることが懸念される場合がある。このような特別の事情がある場合には、平成21年7

月13日付け21生参学第7号「配偶者からの暴力の被害者の子どもの就学について(通知)」を参考に、関係機関等との連携を図りながら、適切に情報を取り扱うこと。
(4) 評価の妥当性や信頼性を高めるとともに、教師の負担感の軽減を図るため、情報の適切な管理を図りつつ、情報通信技術の活用により指導要録等に係る事務の改善を検討することも重要であること。なお、法令に基づく文書である指導要録について、書面の作成、保存、送付を情報通信技術を活用して行うことは、現行の制度上も可能であること。
(5) 別添資料1及び2（様式の参考例）の用紙や文字の大きさ等については、各設置者等の判断で適宜工夫できること。

5 幼稚園型認定こども園における取扱い上の注意
　幼稚園型認定こども園においては、「幼保連携型認定こども園園児指導要録の改善及び認定こども園こども要録の作成等に関する留意事項等について（通知）」（平成30年3月30日付け府子本第315号・29初幼教第17号・子保発0330第3号）を踏まえ、認定こども園こども要録の作成を行うこと。なお、幼稚園幼児指導要録を作成することも可能であること。

別紙1

幼稚園幼児指導要録に記載する事項

○ 学籍に関する記録

　　学籍に関する記録は、外部に対する証明等の原簿としての性格をもつものとし、原則として、入園時及び異動の生じたときに記入すること。

1　幼児の氏名、性別、生年月日及び現住所

2　保護者（親権者）氏名及び現住所

3　学籍の記録
　(1)入園年月日
　(2)転入園年月日
　　　他の幼稚園や特別支援学校幼稚部、保育所、幼保連携型認定こども園等から転入園してきた幼児について記入する。
　(3)転・退園年月日
　　　他の幼稚園や特別支援学校幼稚部、保育所、幼保連携型認定こども園等へ転園する幼児や退園する幼児について記入する。
　(4)修了年月日

4　入園前の状況
　　保育所等での集団生活の経験の有無等を記入すること。

5　進学先等
　　進学した小学校等や転園した幼稚園、保育所等の名称及び所在地等を記入すること。

6　園名及び所在地

7　各年度の入園（転入園）・進級時の幼児の年齢、園長の氏名及び学級担任の氏名
　　各年度に、園長の氏名、学級担任者の氏名を記入し、それぞれ押印する。（同一年度内に園長又は学級担任者が代わった場合には、その都度後任者の氏名を併記する。）
　　なお、氏名の記入及び押印については、電子署名（電子署名及び認証業務に関する法律（平成12年法律第102号）第2条第1項に定義する「電子署名」をいう。）を行うことで替えることも可能である。

○ 指導に関する記録

　　指導に関する記録は、1年間の指導の過程とその結果を要約し、次の年度の適切な

指導に資するための資料としての性格をもつものとすること。
1 指導の重点等
　　当該年度における指導の過程について次の視点から記入すること。
　(1)学年の重点
　　年度当初に、教育課程に基づき長期の見通しとして設定したものを記入すること。
　(2)個人の重点
　　1年間を振り返って、当該幼児の指導について特に重視してきた点を記入すること。

2 指導上参考となる事項
　(1)次の事項について記入すること。
　①1年間の指導の過程と幼児の発達の姿について以下の事項を踏まえ記入すること。
　・幼稚園教育要領第2章「ねらい及び内容」に示された各領域のねらいを視点として、当該幼児の発達の実情から向上が著しいと思われるもの。その際、他の幼児との比較や一定の基準に対する達成度についての評定によって捉えるものではないことに留意すること。
　・幼稚園生活を通して全体的、総合的に捉えた幼児の発達の姿。
　②次の年度の指導に必要と考えられる配慮事項等について記入すること。
　③最終年度の記入に当たっては、特に小学校等における児童の指導に生かされるよう、幼稚園教育要領第1章総則に示された「幼児期の終わりまでに育ってほしい姿」を活用して幼児に育まれている資質・能力を捉え、指導の過程と育ちつつある姿を分かりやすく記入するように留意すること。その際、「幼児期の終わりまでに育ってほしい姿」が到達すべき目標ではないことに留意し、項目別に幼児の育ちつつある姿を記入するのではなく、全体的、総合的に捉えて記入すること。
　(2)幼児の健康の状況等指導上特に留意する必要がある場合等について記入すること。

3 出欠の状況
　(1)教育日数
　　　1年間に教育した総日数を記入すること。この教育日数は、原則として、幼稚園教育要領に基づき編成した教育課程の実施日数と同日数であり、同一年齢の全ての幼児について同日数であること。ただし、転入園等をした幼児については、転入園等をした日以降の教育日数を記入し、転園又は退園をした幼児については、転園のため当該施設を去った日又は退園をした日までの教育日数を記入すること。
　(2)出席日数
　　教育日数のうち当該幼児が出席した日数を記入すること。

4 備考
　　教育課程に係る教育時間の終了後等に行う教育活動を行っている場合には、必要に応じて当該教育活動を通した幼児の発達の姿を記入すること。

別紙2

特別支援学校幼稚部幼児指導要録に記載する事項

○ 学籍に関する記録

　　学籍に関する記録は、外部に対する証明等の原簿としての性格をもつものとし、原則として、入学時及び異動の生じたときに記入すること。

1　幼児の氏名、性別、生年月日及び現住所

2　保護者（親権者）氏名及び現住所

3　学籍の記録
　⑴入学年月日
　⑵転入学年月日
　　　他の特別支援学校幼稚部や幼稚園、保育所、幼保連携型認定こども園等から転入学してきた幼児について記入する。
　⑶転・退学年月日
　　　他の特別支援学校幼稚部や幼稚園、保育所、幼保連携型認定こども園等へ転学する幼児や退学する幼児について記入する。
　⑷修了年月日

4　入学前の状況
　　　児童福祉施設等での集団生活の経験の有無等を記入すること。

5　進学先等
　　　進学した学校や転学した学校等の名称及び所在地等を記入すること。

6　学校名及び所在地

7　各年度の入学（転入学）・進級時の幼児の年齢、校長の氏名及び学級担任の氏名
　　　各年度に、校長の氏名、学級担任者の氏名を記入し、それぞれ押印する。（同一年度内に校長又は学級担任者が代わった場合には、その都度後任者の氏名を併記する。）
　　　なお、氏名の記入及び押印については、電子署名（電子署名及び認証業務に関する法律（平成12年法律第102号）第2条第1項に定義する「電子署名」をいう。）を行うことで替えることも可能である。

資料

○ 指導に関する記録
　　指導に関する記録は、1年間の指導の過程とその結果を要約し、次の年度の適切な指導に資するための資料としての性格をもつものとすること。

1　指導の重点等
　　当該年度における指導の過程について次の視点から記入すること。
　(1)学年の重点
　　　年度当初に、教育課程に基づき長期の見通しとして設定したものを記入すること。
　(2)個人の重点
　　　1年間を振り返って、当該幼児の指導について特に重視してきた点を記入すること。
　(3)自立活動の内容に重点を置いた指導
　　　自立活動の内容に重点を置いた指導を行った場合に、1年間を振り返って、当該幼児の指導のねらい、指導内容等について特に重視してきた点を記入すること。

2　入学時の障害の状態等
　　入学又は転入学時の幼児の障害の状態等について記入すること。

3　指導上参考となる事項
　(1)次の事項について記入すること。
　①1年間の指導の過程と幼児の発達の姿について以下の事項を踏まえ記入すること。
　・特別支援学校幼稚部教育要領第2章「ねらい及び内容」に示された各領域のねらいを視点として、当該幼児の発達の実情から向上が著しいと思われるもの。その際、他の幼児との比較や一定の基準に対する達成度についての評定によって捉えるものではないことに留意すること。
　・幼稚部における生活を通して全体的、総合的に捉えた幼児の発達の姿。
　②次の年度の指導に必要と考えられる配慮事項等について記入すること。
　③最終年度の記入に当たっては、特に小学校等における児童の指導に生かされるよう、特別支援学校幼稚部教育要領第1章総則に示された「幼児期の終わりまでに育ってほしい姿」を活用して幼児に育まれている資質・能力を捉え、指導の過程と育ちつつある姿を分かりやすく記入するように留意すること。その際、「幼児期の終わりまでに育ってほしい姿」が到達すべき目標ではないことに留意し、項目別に幼児の育ちつつある姿を記入するのではなく、全体的、総合的に捉えて記入すること。
　(2)幼児の健康の状況等指導上特に留意する必要がある場合等について記入すること。

4　出欠の状況
　(1)教育日数
　　　1年間に教育した総日数を記入すること。この教育日数は、原則として、特別支

援学校幼稚部教育要領に基づき編成した教育課程の実施日数と同日数であり、同一年齢の全ての幼児について同日数であること。ただし、転入学等をした幼児については、転入学等をした日以降の教育日数を記入し、転学又は退学をした幼児については、転学のため学校を去った日又は退学をした日までの教育日数を記入すること。

(2) 出席日数

　　教育日数のうち当該幼児が出席した日数を記入すること。

5　備考

　　教育課程に係る教育時間の終了後等に行う教育活動を行っている場合には、必要に応じて当該教育活動を通した幼児の発達の姿を記入すること。

別添資料1
（様式の参考例）

幼稚園幼児指導要録（学籍に関する記録）

年度 区分	年度	年度	年度	年度
学　級				
整理番号				

幼児	ふりがな 氏　名		性　別	
		年　　月　　日生		
	現住所			

保護者	ふりがな 氏　名	
	現住所	

入　園	年　月　日	入園前の 状　況	
転入園	年　月　日		
転・退園	年　月　日	進学先等	
修　了	年　月　日		

幼稚園名 及び所在地	

年度及び入園(転入園) ・進級時の幼児の年齢	年度 歳　か月	年度 歳　か月	年度 歳　か月	年度 歳　か月
園　　長 氏名　印				
学級担任者 氏名　印				

(様式の参考例)

幼稚園幼児指導要録（指導に関する記録）

ふりがな 氏名		指導の重点等	年度 (学年の重点)	年度 (学年の重点)	年度 (学年の重点)
年　月　日生			(個人の重点)	(個人の重点)	(個人の重点)
性別					
ねらい （発達を捉える視点）		指導上参考となる事項			
健康	明るく伸び伸びと行動し、充実感を味わう。				
	自分の体を十分に動かし、進んで運動しようとする。				
	健康、安全な生活に必要な習慣や態度を身に付け、見通しをもって行動する。				
人間関係	幼稚園生活を楽しみ、自分の力で行動することの充実感を味わう。				
	身近な人と親しみ、関わりを深め、工夫したり、協力したりして一緒に活動する楽しさを味わい、愛情や信頼感をもつ。				
	社会生活における望ましい習慣や態度を身に付ける。				
環境	身近な環境に親しみ、自然と触れ合う中で様々な事象に興味や関心をもつ。				
	身近な環境に自分から関わり、発見を楽しんだり、考えたりし、それを生活に取り入れようとする。				
	身近な事象を見たり、考えたり、扱ったりする中で、物の性質や数量、文字などに対する感覚を豊かにする。				
言葉	自分の気持ちを言葉で表現する楽しさを味わう。				
	人の言葉や話などをよく聞き、自分の経験したことや考えたことを話し、伝え合う喜びを味わう。				
	日常生活に必要な言葉が分かるようになるとともに、絵本や物語などに親しみ、言葉に対する感覚を豊かにし、先生や友達と心を通わせる。				
表現	いろいろなものの美しさなどに対する豊かな感性をもつ。				
	感じたことや考えたことを自分なりに表現して楽しむ。				
	生活の中でイメージを豊かにし、様々な表現を楽しむ。				

出欠状況		年度	年度	年度	備考
	教育日数				
	出席日数				

学年の重点：年度当初に、教育課程に基づき長期の見通しとして設定したものを記入
個人の重点：1年間を振り返って、当該幼児の指導について特に重視してきた点を記入
指導上参考となる事項：
(1) 次の事項について記入すること。
　①1年間の指導の過程と幼児の発達の姿について以下の事項を踏まえ記入すること。
　　・幼稚園教育要領第2章「ねらい及び内容」に示された各領域のねらいを視点として、当該幼児の発達の実情から向上が著しいと思われるもの。
　　　その際、他の幼児との比較や一定の基準に対する達成度についての評定によって捉えるものではないことに留意すること。
　　・幼稚園生活を通して全体的、総合的に捉えた幼児の発達の姿。
　②次の年度の指導に必要と考えられる配慮事項等について記入すること。
(2) 幼児の健康の状況等指導上に留意する必要がある場合等について記入すること。
備考：教育課程に係る教育時間の終了後等に行う教育活動を行っている場合には、必要に応じて当該教育活動を通した幼児の発達の姿を記入すること。

(様式の参考例)

幼稚園幼児指導要録（最終学年の指導に関する記録）

ふりがな		指導の重点等	年度
氏名			（学年の重点）
	年　月　日生		
性別			（個人の重点）

	ねらい （発達を捉える視点）	指導上参考となる事項
健康	明るく伸び伸びと行動し、充実感を味わう。	
	自分の体を十分に動かし、進んで運動しようとする。	
	健康、安全な生活に必要な習慣や態度を身に付け、見通しをもって行動する。	
人間関係	幼稚園生活を楽しみ、自分の力で行動することの充実感を味わう。	
	身近な人と親しみ、関わりを深め、工夫したり、協力したりして一緒に活動する楽しさを味わい、愛情や信頼感をもつ。	
	社会生活における望ましい習慣や態度を身に付ける。	
環境	身近な環境に親しみ、自然と触れ合う中で様々な事象に興味や関心をもつ。	
	身近な環境に自分から関わり、発見を楽しんだり、考えたりし、それを生活に取り入れようとする。	
	身近な事象を見たり、考えたり、扱ったりする中で、物の性質や数量、文字などに対する感覚を豊かにする。	
言葉	自分の気持ちを言葉で表現する楽しさを味わう。	
	人の言葉や話などをよく聞き、自分の経験したことや考えたことを話し、伝え合う喜びを味わう。	
	日常生活に必要な言葉が分かるようになるとともに、絵本や物語などに親しみ、言葉に対する感覚を豊かにし、先生や友達と心を通わせる。	
表現	いろいろなものの美しさなどに対する豊かな感性をもつ。	
	感じたことや考えたことを自分なりに表現して楽しむ。	
	生活の中でイメージを豊かにし、様々な表現を楽しむ。	

出欠状況		年度	備考
	教育日数		
	出席日数		

幼児期の終わりまでに育ってほしい姿

「幼児期の終わりまでに育ってほしい姿」は、幼稚園教育要領第2章に示すねらい及び内容に基づいて、各幼稚園で、幼児期にふさわしい遊びや生活を積み重ねることにより、幼稚園教育において育みたい資質・能力が育まれている幼児の具体的な姿であり、特に5歳児後半に見られるようになる姿である。「幼児期の終わりまでに育ってほしい姿」は、とりわけ幼児の自発的な活動としての遊びを通して、一人一人の発達の特性に応じて、これらの姿が育っていくものであり、全ての幼児に同じように見られるものではないことに留意すること。

健康な心と体	幼稚園生活の中で、充実感をもって自分のやりたいことに向かって心と体を十分に働かせ、見通しをもって行動し、自ら健康で安全な生活をつくり出すようになる。
自立心	身近な環境に主体的に関わり様々な活動を楽しむ中で、しなければならないことを自覚し、自分の力で行うために考えたり、工夫したりしながら、諦めずにやり遂げることで達成感を味わい、自信をもって行動するようになる。
協同性	友達と関わる中で、互いの思いや考えなどを共有し、共通の目的の実現に向けて、考えたり、工夫したり、協力したりし、充実感をもってやり遂げるようになる。
道徳性・規範意識の芽生え	友達と様々な体験を重ねる中で、してよいことや悪いことが分かり、自分の行動を振り返ったり、友達の気持ちに共感したりし、相手の立場に立って行動するようになる。また、きまりを守る必要性が分かり、自分の気持ちを調整し、友達と折り合いを付けながら、きまりをつくったり、守ったりするようになる。
社会生活との関わり	家族を大切にしようとする気持ちをもつとともに、地域の身近な人と触れ合う中で、人との様々な関わり方に気付き、相手の気持ちを考えて関わり、自分が役に立つ喜びを感じ、地域に親しみをもつようになる。また、幼稚園内外の様々な環境に関わる中で、遊びや生活に必要な情報を取り入れ、情報に基づき判断したり、情報を伝え合ったり、活用したりするなど、情報を役立てながら活動するようになるとともに、公共の施設を大切に利用するなどして、社会とのつながりなどを意識するようになる。
思考力の芽生え	身近な事象に積極的に関わる中で、物の性質や仕組みなどを感じ取ったり、気付いたりし、考えたり、予想したり、工夫したりするなど、多様な関わりを楽しむようになる。また、友達の様々な考えに触れる中で、自分と異なる考えがあることに気付き、自ら判断したり、考え直したりするなど、新しい考えを生み出す喜びを味わいながら、自分の考えをよりよいものにするようになる。
自然との関わり・生命尊重	自然に触れて感動する体験を通して、自然の変化などを感じ取り、好奇心や探究心をもって考え言葉などで表現しながら、身近な事象への関心が高まるとともに、自然への愛情や畏敬の念をもつようになる。また、身近な動植物に心を動かされる中で、生命の不思議さや尊さに気付き、身近な動植物への接し方を考え、命あるものとしていたわり、大切にする気持ちをもって関わるようになる。
数量や図形、標識や文字などへの関心・感覚	遊びや生活の中で、数量や図形、標識や文字などに親しむ体験を重ねたり、標識や文字の役割に気付いたりし、自らの必要感に基づきこれらを活用し、興味や関心、感覚をもつようになる。
言葉による伝え合い	先生や友達と心を通わせる中で、絵本や物語などに親しみながら、豊かな言葉や表現を身に付け、経験したことや考えたことなどを言葉で伝えたり、相手の話を注意して聞いたりし、言葉による伝え合いを楽しむようになる。
豊かな感性と表現	心を動かす出来事などに触れ感性を働かせる中で、様々な素材の特徴や表現の仕方などに気付き、感じたことや考えたことを自分で表現したり、友達同士で表現する過程を楽しんだりし、表現する喜びを味わい、意欲をもつようになる。

学年の重点：年度当初に、教育課程に基づき長期の見通しとして設定したものを記入
個人の重点：1年間を振り返って、当該幼児の指導について特に重視してきた点を記入
指導上参考となる事項：
(1) 次の事項について記入すること。
　①1年間の指導の過程と幼児の発達の姿について以下の事項を踏まえ記入すること。
　　・幼稚園教育要領第2章「ねらい及び内容」に示された各領域のねらいを視点として、当該幼児の発達の実情から向上が著しいと思われるもの。
　　　その際、他の幼児との比較や一定の基準に対する達成度についての評定によって捉えるものではないことに留意すること。
　　・幼稚園生活を通して全体的、総合的に捉えた幼児の発達の姿。
　②次の年度の指導に必要と考えられる配慮事項等について記入すること。
　③最終年度の記入に当たっては、特に小学校等における児童の指導に生かされるよう、幼稚園教育要領第1章総則に示された「幼児期の終わりまでに育ってほしい姿」を活用して幼児に育まれている資質・能力を捉え、指導の過程と育ちつつある姿を分かりやすく記入するように留意すること。また、「幼児期の終わりまでに育ってほしい姿」が到達すべき目標ではないことに留意し、項目別に幼児の育ちつつある姿を記入するのではなく、全体的、総合的に捉えて記入すること。
(2) 幼児の健康の状況等指導上特に留意する必要がある場合等について記入すること。
備考：教育課程に係る教育時間の終了後等に行う教育活動を行っている場合には、必要に応じて当該教育活動を通した幼児の発達の姿を記入すること。

別添資料2
(様式の参考例)

特別支援学校幼稚部幼児指導要録（学籍に関する記録）

区分＼年度	年度	年度	年度	年度
学　級				
整理番号				

幼児	ふりがな		性　別	
	氏　名			
	年　月　日生			
	現住所			

保護者	ふりがな	
	氏　名	
	現住所	

入　学	年　月　日	入学前の状況	
転入学	年　月　日		
転・退学	年　月　日	進学先等	
修　了	年　月　日		

学校名及び所在地	

年度及び入学(転入学)・進級時の幼児の年齢	年度　歳　か月	年度　歳　か月	年度　歳　か月	年度　歳　か月
校　長　氏名　印				
学級担任者　氏名　印				

資料

(様式の参考例)

特別支援学校幼稚部幼児指導要録(指導に関する記録)

ふりがな 氏名		性別		指導の重点等	総合的な指導	年度 (学年の重点) (個人の重点)	年度 (学年の重点) (個人の重点)	年度 (学年の重点) (個人の重点)
	年 月 日生				指導に重点を置いた自立活動の内容			
入学時の障害の状態等								
ねらい (発達を捉える視点)								

		指導上参考となる事項			
健康	明るく伸び伸びと行動し、充実感を味わう。				
	自分の体を十分に動かし、進んで運動しようとする。				
	健康、安全な生活に必要な習慣や態度を身に付け、見通しをもって行動する。				
人間関係	幼稚部における生活を楽しみ、自分の力で行動することの充実感を味わう。				
	身近な人と親しみ、関わりを深め、工夫したり、協力したりして一緒に活動する楽しさを味わい、愛情や信頼感をもつ。				
	社会生活における望ましい習慣や態度を身に付ける。				
環境	身近な環境に親しみ、自然と触れ合う中で様々な事象に興味や関心をもつ。				
	身近な環境に自分から関わり、発見を楽しんだり、考えたりし、それを生活に取り入れようとする。				
	身近な事象を見たり、考えたり、扱ったりする中で、物の性質や数量、文字などに対する感覚を豊かにする。				
言葉	自分の気持ちを言葉で表現する楽しさを味わう。				
	人の言葉や話などをよく聞き、自分の経験したことや考えたことを話し、伝え合う喜びを味わう。				
	日常生活に必要な言葉が分かるようになるとともに、絵本や物語などに親しみ、言葉に対する感覚を豊かにし、先生や友達と心を通わせる。				
表現	いろいろなものの美しさなどに対する豊かな感性をもつ。				
	感じたことや考えたことを自分なりに表現して楽しむ。				
	生活の中でイメージを豊かにし、様々な表現を楽しむ。				

出欠状況		年度	年度	年度	備考			
	教育日数							
	出席日数							

学年の重点:年度当初に、教育課程に基づき長期の見通しとして設定したものを記入
個人の重点:1年間を振り返って、当該幼児の指導について特に重視してきた点を記入
自立活動の内容に重点を置いた指導:自立活動の内容に重点を置いた指導を行った場合には、1年間を振り返って、当該幼児の指導のねらい、指導内容等について特に重視してきた点を記入すること。
入学時の障害の状態等:入学又は転入学時の幼児の障害の状態等について記入すること。
指導上参考となる事項:
(1) 次の事項について記入すること。
　①1年間の指導の過程と幼児の発達の姿について以下の事項を踏まえ記入すること。
　・特別支援学校幼稚部教育要領第2章「ねらい及び内容」に示された各領域のねらいを視点として、当該幼児の発達の実情から向上が著しいと思われるもの。その際、他の幼児との比較や一定の基準に対する達成度についての評定によって捉えるものではないことに留意すること。
　・幼稚部における生活を通して全体的、総合的に捉えた幼児の発達の姿。
　②次の年度の指導に必要と考えられる配慮事項等について記入すること。
(2) 幼児の健康の状況等指導上特に留意する必要がある場合等について記入すること。
備考:教育課程に係る教育時間の終了後等に行う教育活動を行っている場合には、必要に応じて当該教育活動を通した幼児の発達の姿を記入すること。

(様式の参考例)

特別支援学校幼稚部幼児指導要録（最終学年の指導に関する記録）

ふりがな		性別	総合的な指導	年度		幼児期の終わりまでに育ってほしい姿	
氏名				（学年の重点）		\[「幼児期の終わりまでに育ってほしい姿」は、幼稚部教育要領第2章に示すねらい及び内容に基づいて、各学校で、幼児期にふさわしい遊びや生活を積み重ねることにより、幼稚部における教育において育みたい資質・能力が育まれている幼児の具体的な姿であり、特に5歳児後半に見られるようになる姿である。「幼児期の終わりまでに育ってほしい姿」は、とりわけ幼児の自発的な活動としての遊びを通して、一人一人の発達の特性に応じて、これらの姿が育っていくものであり、全ての幼児に同じように見られるものではないことに留意すること。\]	
	年 月 日生		指導の重点等	（個人の重点）			
入学時の障害の状態等						健康な心と体	幼稚部における生活の中で、充実感をもって自分のやりたいことに向かって心と体を十分に働かせ、見通しをもって行動し、自ら健康で安全な生活をつくり出すようになる。
				自立活動の内容に重点を置いた指導		自立心	身近な環境に主体的に関わり様々な活動を楽しむ中で、しなければならないことを自覚し、自分の力で行うために考えたり、工夫したりしながら、諦めずにやり遂げることで達成感を味わい、自信をもって行動するようになる。
ねらい（発達を捉える視点）						協同性	友達と関わる中で、互いの思いや考えなどを共有し、共通の目的の実現に向けて、考えたり、工夫したり、協力したりし、充実感をもってやり遂げるようになる。
健康	明るく伸び伸びと行動し、充実感を味わう。		指導上参考となる事項			道徳性・規範意識の芽生え	友達と様々な体験を重ねる中で、してよいことや悪いことが分かり、自分の行動を振り返ったり、友達の気持ちに共感したりし、相手の立場に立って行動するようになる。また、きまりを守る必要性が分かり、自分の気持ちを調整し、友達と折り合いを付けながら、きまりをつくったり、守ったりするようになる。
	自分の体を十分に動かし、進んで運動しようとする。						
	健康、安全な生活に必要な習慣や態度を身に付け、見通しをもって行動する。						
人間関係	幼稚部における生活を楽しみ、自分の力で行動することの充実感を味わう。					社会生活との関わり	家族を大切にしようとする気持ちをもつとともに、地域の身近な人と触れ合う中で、人との様々な関わり方に気付き、相手の気持ちを考えて関わり、自分が役に立つ喜びを感じ、地域に親しみをもつようになる。また、学校内外の様々な環境に関わる中で、遊びや生活に必要な情報を取り入れ、情報に基づき判断したり、情報を伝え合ったり、活用したりするなど、情報を役立てながら活動するようになるとともに、公共の施設を大切に利用するなどして、社会とのつながりなどを意識するようになる。
	身近な人と親しみ、関わりを深め、工夫したり、協力したりして一緒に活動する楽しさを味わい、愛情や信頼感をもつ。						
	社会生活における望ましい習慣や態度を身に付ける。						
環境	身近な環境に親しみ、自然と触れ合う中で様々な事象に興味や関心をもつ。					思考力の芽生え	身近な事象に積極的に関わる中で、物の性質や仕組みなどを感じ取ったり、気付いたり、考えたり、予想したり、工夫したりするなど、多様な関わりを楽しむようにする。また、友達の様々な考えに触れる中で、自分と異なる考えがあることに気付き、自ら判断したり、考え直したりするなど、新しい考えを生み出す喜びを味わいながら、自分の考えをよりよいものにするようになる。
	身近な環境に自分から関わり、発見を楽しんだり、考えたり、それを生活に取り入れようとする。						
	身近な事象を見たり、考えたり、扱ったりする中で、物の性質や数量、文字などに対する感覚を豊かにする。						
言葉	自分の気持ちを言葉で表現する楽しさを味わう。					自然との関わり・生命尊重	自然に触れて感動する体験を通して、自然の変化などを感じ取り、好奇心や探究心をもって考え言葉などで表現しながら、身近な事象への関心が高まるとともに、自然への愛情や畏敬の念をもつようになる。また、身近な動植物に心を動かされる中で、生命の不思議さや尊さに気付き、身近な動植物への接し方を考え、命あるものとしていたわり、大切にする気持ちをもって関わるようになる。
	人の言葉や話などをよく聞き、自分の経験したことや考えたことを話し、伝え合う喜びを味わう。						
	日常生活に必要な言葉が分かるようになるとともに、絵本や物語に親しみ、言葉に対する感覚を豊かにし、先生や友達と心を通わせる。					数量や図形、標識や文字などへの関心・感覚	遊びや生活の中で、数量や図形、標識や文字などに親しむ体験を重ねたり、標識や文字の役割に気付いたりし、自らの必要感に基づきこれらを活用し、興味や関心、感覚をもつようになる。
表現	いろいろなものの美しさなどに対する豊かな感性をもつ。						
	感じたことや考えたことを自分なりに表現して楽しむ。					言葉による伝え合い	先生や友達と心を通わせる中で、絵本や物語などに親しみながら、豊かな言葉や表現を身に付け、経験したことや考えたことなどを言葉で伝えたり、相手の話を注意して聞いたりし、言葉による伝え合いを楽しむようになる。
	生活の中でイメージを豊かにし、様々な表現を楽しむ。						
出欠状況		年度	備考			豊かな感性と表現	心を動かす出来事などに触れ感性を働かせる中で、様々な素材の特徴や表現の仕方などに気付き、感じたことや考えたことを自分で表現したり、友達同士で表現する過程を楽しんだりし、表現する喜びを味わい、意欲をもつようになる。
	教育日数						
	出席日数						

学年の重点：年度当初に、教育課程に基づき長期の見通しとして設定したものを記入
個人の重点：1年間を振り返って、当該幼児の指導について特に重視してきた点を記入
自立活動の内容に重点を置いた指導：自立活動の内容に重点を置いた指導を行った場合に、1年間を振り返って、当該幼児の指導のねらい、指導内容等について特に重視してきた点を記入すること。
指導上参考となる事項：
(1) 次の事項について記入すること。
　①1年間の指導の過程と幼児の発達の姿について以下の事項を踏まえ記入すること。
　　・特別支援学校幼稚部教育要領第2章「ねらい及び内容」に示された各領域のねらいを視点として、当該幼児の発達の実情から向上が著しいと思われるもの。
　　　その際、他の幼児との比較や一定の基準に対する達成度についての評定によって捉えるものではないことに留意すること。
　　・幼稚部における生活を通して全体的、総合的に捉えた幼児の発達の姿。
　②次の年度の指導に必要と考えられる配慮事項等について記入すること。
　③最終学年の記入に当たっては、特に小学校等における児童の指導に生かされるよう、特別支援学校幼稚部教育要領第1章総則に示された「幼児期の終わりまでに育ってほしい姿」を活用して幼児に育まれている資質・能力を捉え、指導の過程と育ちつつある姿を分かりやすく記入するように留意すること。その際、「幼児期の終わりまでに育ってほしい姿」が到達すべき目標ではないことに留意し、項目別に幼児の育ちつつある姿を記入するのではなく、全体的、総合的に捉えて記入すること。
(2) 幼児の健康の状況等指導上特に留意する必要がある場合等について記入すること。
備考：教育課程に係る教育時間の終了後等に行う教育活動を行っている場合には、必要に応じて当該教育活動を通した幼児の発達の姿を記入すること。

■保育所保育指針の適用に際しての留意事項について

子保発 0330 第 2 号
平成 30 年 3 月 30 日

各都道府県民生主管部（局）長
各指定都市・中核市民生主管部(局)長　殿

厚生労働省子ども家庭局保育課長
（　公　印　省　略　）

　　　　　　　　　　保育所保育指針の適用に際しての留意事項について
　平成30年4月1日より保育所保育指針（平成29年厚生労働省告示第117号。以下「保育所保育指針」という。）が適用されるが、その適用に際しての留意事項は、下記のとおりであるため、十分御了知の上、貴管内の市区町村、保育関係者等に対して遅滞なく周知し、その運用に遺漏のないよう御配慮願いたい。
　なお、本通知は、地方自治法（昭和22年法律第67号）第245条の4第1項の規定に基づく技術的助言である。
　また、本通知をもって、「保育所保育指針の施行に際しての留意事項について」（平成20年3月28日付け雇児保発第0328001号厚生労働省雇用均等・児童家庭局保育課長通知）を廃止する。

　　　　　　　　　　　　　　　　　記

1．保育所保育指針の適用について
　　⑴保育所保育指針の保育現場等への周知について
　　　平成30年4月1日より保育所保育指針が適用されるに当たり、その趣旨及び内容が、自治体の職員、保育所、家庭的保育事業者等及び認可外保育施設の保育関係者、指定保育士養成施設の関係者、子育て中の保護者等に十分理解され、保育現場における保育の実践、保育士養成課程の教授内容等に十分反映されるよう、改めて周知を図られたい。
　　　なお、周知に当たっては、保育所保育指針の内容の解説、保育を行う上での留意点等を記載した「保育所保育指針解説」を厚生労働省のホームページに公開しているので、当該解説を活用されたい。

○　保育所保育指針解説
　　　http://www.mhlw.go.jp/file/06-Seisakujouhou-11900000-Koyoukintoujidoukateikyoku/kaisetu.pdf

(2)保育所保育指針に関する指導監査について

　「児童福祉行政指導監査の実施について」(平成12年4月25日付け児発第471号厚生省児童家庭局長通知)に基づき、保育所保育指針に関する保育所の指導監査を実施する際には、以下①から③までの内容に留意されたい。

①保育所保育指針において、具体的に義務や努力義務が課せられている事項を中心に実施すること。

②他の事項に関する指導監査とは異なり、保育の内容及び運営体制について、各保育所の創意工夫や取組を尊重しつつ、取組の結果のみではなく、取組の過程(※1)に着目して実施すること。

　(※1.保育所保育指針第1章の3⑴から⑸までに示す、全体的な計画の作成、指導計画の作成、指導計画の展開、保育の内容等の評価及び評価を踏まえた計画の改善等)

③保育所保育指針の参考資料として取りまとめた「保育所保育指針解説」のみを根拠とした指導等を行うことのないよう留意すること。

2．小学校との連携について

　保育所においては、保育所保育指針に示すとおり、保育士等が、自らの保育実践の過程を振り返り、子どもの心の育ち、意欲等について理解を深め、専門性の向上及び保育実践の改善に努めることが求められる。また、その内容が小学校(義務教育学校の前期課程及び特別支援学校の小学部を含む。以下同じ。)に適切に引き継がれ、保育所保育において育まれた資質・能力を踏まえて小学校教育が円滑に行われるよう、保育所と小学校との間で「幼児期の終わりまでに育ってほしい姿」を共有するなど、小学校との連携を図ることが重要である。

　このような認識の下、保育所と小学校との連携を確保するという観点から、保育所から小学校に子どもの育ちを支えるための資料として、従前より保育所児童保育要録が送付されるよう求めているが、保育所保育指針第2章の4⑵「小学校との連携」に示す内容を踏まえ、今般、保育所児童保育要録について、

・養護及び教育が一体的に行われるという保育所保育の特性を踏まえた記載事項
・「幼児期の終わりまでに育ってほしい姿」の活用、特別な配慮を要する子どもに関する記載内容等の取扱い上の注意事項等について見直し(※2)を行った。見直し後の保育所児童保育要録の取扱い等については、以下(1)及び(2)に示すとおりであるので留意されたい。

　(※2.見直しの趣旨等については、「保育所児童保育要録の見直し等について(検討の整理)(2018(平成30)年2月7日保育所児童保育要録の見直し検討会)」参照)

(1)保育所児童保育要録の取扱いについて
　ア　記載事項
　　保育所児童保育要録には、別添1「保育所児童保育要録に記載する事項」に示す事項を記載すること。

なお、各市区町村においては、地域の実情等を踏まえ、別紙資料を参考として様式を作成し、管内の保育所に配布すること。
イ　実施時期
　　本通知を踏まえた保育所児童保育要録の作成は平成30年度から実施すること。
　　なお、平成30年度の保育所児童保育要録の様式を既に用意している場合には、必ずしも新たな様式により保育所児童保育要録を作成する必要はないこと。
ウ　取扱い上の注意
　(ｱ)保育所児童保育要録の作成、送付及び保存については、以下①から③までの取扱いに留意すること。また、各市区町村においては、保育所児童保育要録が小学校に送付されることについて市区町村教育委員会にあらかじめ周知を行うなど、市区町村教育委員会との連携を図ること。
　　①保育所児童保育要録は、最終年度の子どもについて作成すること。作成に当たっては、施設長の責任の下、担当の保育士が記載すること。
　　②子どもの就学に際して、作成した保育所児童保育要録の抄本又は写しを就学先の小学校の校長に送付すること。
　　③保育所においては、作成した保育所児童保育要録の原本等について、その子どもが小学校を卒業するまでの間保存することが望ましいこと。
　(ｲ)保育所児童保育要録の作成に当たっては、保護者との信頼関係を基盤として、保護者の思いを踏まえつつ記載するとともに、その送付について、入所時や懇談会等を通して、保護者に周知しておくことが望ましいこと。その際には、個人情報保護及び情報開示の在り方に留意すること。
　(ｳ)障害や発達上の課題があるなど特別な配慮を要する子どもについて「保育の過程と子どもの育ちに関する事項」及び「最終年度に至るまでの育ちに関する事項」を記載する際には、診断名及び障害の特性のみではなく、その子どもが育ってきた過程について、その子どもの抱える生活上の課題、人との関わりにおける困難等に応じて行われてきた保育における工夫及び配慮を考慮した上で記載すること。
　　なお、地域の身近な場所で一貫して効果的に支援する体制を構築する観点から、保育所、児童発達支援センター等の関係機関で行われてきた支援が就学以降も継続するように、保護者の意向及び個人情報の取扱いに留意しながら、必要に応じて、保育所における支援の情報を小学校と共有することが考えられること。
　(ｴ)配偶者からの暴力の被害者と同居する子どもについては、保育児童保育要録の記述を通じて就学先の小学校名や所在地等の情報が配偶者（加害者）に伝わることが懸念される場合がある。このような特別の事情がある場合には、「配偶者からの暴力の被害者の子どもの就学について（通知）」（平成21年7月13日付け21生参学第7号文部科学省生涯学習政策局男女共同参画学習課長・文部科学省初等中等教育局初等中等教育企画課長連名通知）を参考に、関係機関等との連携を図りながら、適切に情報を取り扱うこと。

(ｵ)保育士等の専門性の向上や負担感の軽減を図る観点から、情報の適切な管理を図りつつ、情報通信技術の活用により保育所児童保育要録に係る事務の改善を検討することも重要であること。なお、保育所児童保育要録について、情報通信技術を活用して書面の作成、送付及び保存を行うことは、現行の制度上も可能であること。
　　(ｶ)保育所児童保育要録は、児童の氏名、生年月日等の個人情報を含むものであるため、個人情報の保護に関する法律（平成15年法律第57号）等を踏まえて適切に個人情報を取り扱うこと。なお、個人情報の保護に関する法令上の取扱いは以下の①及び②のとおりである。
　　　①公立の保育所については、各市区町村が定める個人情報保護条例に準じた取扱いとすること。
　　　②私立の保育所については、個人情報の保護に関する法律第2条第5項に規定する個人情報取扱事業者に該当し、原則として個人情報を第三者に提供する際には本人の同意が必要となるが、保育所保育指針第2章の4(2)ウに基づいて保育所児童保育要録を送付する場合においては、同法第23条第1項第1号に掲げる法令に基づく場合に該当するため、第三者提供について本人（保護者）の同意は不要であること。

　エ　保育所型認定こども園における取扱い
　　保育所型認定こども園においては、「幼保連携型認定こども園園児指導要録の改善及び認定こども園こども要録の作成等に関する留意事項等について（通知）」（平成30年3月30日付け府子本第315号・29初幼教第17号・子保発0330第3号内閣府子ども・子育て本部参事官（認定こども園担当）・文部科学省初等中等教育局幼児教育課長・厚生労働省子ども家庭局保育課長連名通知）を参考にして、各市区町村と相談しつつ、各設置者等の創意工夫の下、同通知に基づく認定こども園こども要録（以下「認定こども園こども要録」という。）を作成することも可能であること。その際、送付及び保存についても同通知に準じて取り扱うこと。また、認定こども園こども要録を作成した場合には、同一の子どもについて、保育所児童保育要録を作成する必要はないこと。

(2)保育所と小学校との間の連携の促進体制について
　保育所と小学校との間の連携を一層促進するためには、地域における就学前後の子どもの育ち等について、地域の関係者が理解を共有することが重要であり、
・保育所、幼稚園、認定こども園、小学校等の関係者が参加する合同研修会、連絡協議会等を設置するなど、関係者の交流の機会を確保すること、
・保育所、幼稚園、認定こども園、小学校等の管理職が連携及び交流の意義及び重要性を理解し、組織として取組を進めること
等が有効と考えられるため、各自治体において、関係部局と連携し、これらの取組を積極的に支援・推進すること。

資料

別添1

保育所児童保育要録に記載する事項
(別紙資料1「様式の参考例」を参照)

○ 入所に関する記録
　1　児童の氏名、性別、生年月日及び現住所
　2　保護者の氏名及び現住所
　3　児童の保育期間（入所及び卒所年月日）
　4　児童の就学先（小学校名）
　5　保育所名及び所在地
　6　施設長及び担当保育士氏名

○ 保育に関する記録
　　保育に関する記録は、保育所において作成した様々な記録の内容を踏まえて、最終年度（小学校就学の始期に達する直前の年度）の1年間における保育の過程と子どもの育ちを要約し、就学に際して保育所と小学校が子どもに関する情報を共有し、子どもの育ちを支えるための資料としての性格を持つものとすること。
　　また、保育所における保育は、養護及び教育を一体的に行うことをその特性とするものであり、保育所における保育全体を通じて、養護に関するねらい及び内容を踏まえた保育が展開されることを念頭に置き、記載すること。

　1　保育の過程と子どもの育ちに関する事項
　　　最終年度における保育の過程及び子どもの育ちについて、次の視点から記入すること。
　　(1)最終年度の重点
　　　年度当初に、全体的な計画に基づき長期の見通しとして設定したものを記入すること。
　　(2)個人の重点
　　　1年間を振り返って、子どもの指導について特に重視してきた点を記入すること。
　　(3)保育の展開と子どもの育ち
　　　次の事項について記入すること。
　　①最終年度の1年間の保育における指導の過程及び子どもの発達の姿について、以下の事項を踏まえ記入すること。
　　　・保育所保育指針第2章「保育の内容」に示された各領域のねらいを視点として、子どもの発達の実情から向上が著しいと思われるもの。その際、他の子どもとの比較や一定の基準に対する達成度についての評定によって捉えるものではないことに留意すること。
　　　・保育所の生活を通して全体的、総合的に捉えた子どもの発達の姿。

②就学後の指導に必要と考えられる配慮事項等について記入すること。
　　③記入に当たっては、特に小学校における子どもの指導に生かされるよう、保育所保育指針第１章「総則」に示された「幼児期の終わりまでに育ってほしい姿」を活用して子どもに育まれている資質・能力を捉え、指導の過程と育ちつつある姿をわかりやすく記入するように留意すること。その際、別紙資料１に示す「幼児期の終わりまでに育ってほしい姿について」を参照するなどして、「幼児期の終わりまでに育ってほしい姿」の趣旨や内容を十分に理解するとともに、これらが到達すべき目標ではないことに留意し、項目別に子どもの育ちつつある姿を記入するのではなく、全体的かつ総合的に捉えて記入すること。
　⑷特に配慮すべき事項
　　子どもの健康の状況等、就学後の指導における配慮が必要なこととして、特記すべき事項がある場合に記入すること。

２　最終年度に至るまでの育ちに関する事項
　子どもの入所時から最終年度に至るまでの育ちに関して、最終年度における保育の過程と子どもの育ちの姿を理解する上で、特に重要と考えられることを記入すること。

別紙資料1
（様式の参考例）

保育所児童保育要録（入所に関する記録）

児童	ふりがな 氏　名		性　別	
		年　　月　　日生		
	現住所			

保護者	ふりがな 氏　名	
	現住所	

入　所	年　　月　　日	卒　所	年　　月　　日

就学先	

保育所名 及び所在地	
施　設　長 氏　名	
担当保育士 氏　名	

(様式の参考例)

保育所児童保育要録（保育に関する記録）

本資料は、就学に際して保育所と小学校（義務教育学校の前期課程及び特別支援学校の小学部を含む。）が子どもに関する情報を共有し、子どもの育ちを支えるための資料である。

ふりがな		保育の過程と子どもの育ちに関する事項	最終年度に至るまでの育ちに関する事項
氏名		(最終年度の重点)	
生年月日	年　月　日		
性別		(個人の重点)	

ねらい（発達を捉える視点）		(保育の展開と子どもの育ち)	
健康	明るく伸び伸びと行動し、充実感を味わう。		
	自分の体を十分に動かし、進んで運動しようとする。		
	健康、安全な生活に必要な習慣や態度を身に付け、見通しをもって行動する。		
人間関係	保育所の生活を楽しみ、自分の力で行動することの充実感を味わう。		
	身近な人と親しみ、関わりを深め、工夫したり、協力したりして一緒に活動する楽しさを味わい、愛情や信頼感をもつ。		
	社会生活における望ましい習慣や態度を身に付ける。		
環境	身近な環境に親しみ、自然と触れ合う中で様々な事象に興味や関心をもつ。		

幼児期の終わりまでに育ってほしい姿

※各項目の内容等については、別紙に示す「幼児期の終わりまでに育ってほしい姿について」を参照すること。

健康な心と体
自立心
協同性
道徳性・規範意識の芽生え
社会生活との関わり
思考力の芽生え
自然との関わり・生命尊重
数量や図形、標識や文字などへの関心・感覚
言葉による伝え合い
豊かな感性と表現

環境	身近な環境に自分から関わり、発見を楽しんだり、考えたりし、それを生活に取り入れようとする。		
	身近な事象を見たり、考えたり、扱ったりする中で、物の性質や数量、文字などに対する感覚を豊かにする。		
言葉	自分の気持ちを言葉で表現する楽しさを味わう。		
	人の言葉や話などをよく聞き、自分の経験したことや考えたことを話し、伝え合う喜びを味わう。		
	日常生活に必要な言葉が分かるようになるとともに、絵本や物語などに親しみ、言葉に対する感覚を豊かにし、保育士等や友達と心を通わせる。		
表現	いろいろなものの美しさなどに対する豊かな感性をもつ。		
	感じたことや考えたことを自分なりに表現して楽しむ。	(特に配慮すべき事項)	
	生活の中でイメージを豊かにし、様々な表現を楽しむ。		

保育所における保育は、養護及び教育を一体的に行うことをその特性とするものであり、保育所における保育全体を通じて、養護に関するねらい及び内容を踏まえた保育が展開されることを念頭に置き、次の各事項を記入すること。
○保育の過程と子どもの育ちに関する事項
＊最終年度の重点：年度当初に、全体的な計画に基づき長期の見通しとして設定したものを記入すること。
＊個人の重点：1年間を振り返って、子どもの指導について特に重視してきた点を記入すること。
＊保育の展開と子どもの育ち：最終年度の1年間の保育における指導の過程と子どもの発達の姿（保育所保育指針第2章「保育の内容」に示された各領域のねらいを視点として、子どもの発達の実情から向上が著しいと思われるもの）を、保育所の生活を通して全体的、総合的に捉えて記入すること。その際、他の子どもとの比較や一定の基準に対する達成度についての評定によって捉えるものではないことに留意すること。あわせて、就学後の指導に必要と考えられる配慮事項等について記入すること。別紙を参照し、「幼児期の終わりまでに育ってほしい姿」を活用して子どもに育まれている資質・能力を捉え、指導の過程と子どもの育ちつつある姿をわかりやすく記入するように留意すること。
＊特に配慮すべき事項：子どもの健康の状況等、就学後の指導において配慮が必要なこととして、特記すべき事項がある場合に記入すること。
○最終年度に至るまでの育ちに関する事項
　子どもの入所時から最終年度に至るまでの育ちに関し、最終年度における保育の過程と子どもの育ちの姿を理解する上で、特に重要と考えられることを記入すること。

(様式の参考例)
(別紙)

幼児期の終わりまでに育ってほしい姿について

	保育所保育指針第1章「総則」に示された「幼児期の終わりまでに育ってほしい姿」は、保育所保育指針第2章「保育の内容」に示されたねらい及び内容に基づいて、各保育所で、乳幼児期にふさわしい生活や遊びを積み重ねることにより、保育所保育において育みたい資質・能力が育まれている子どもの具体的な姿であり、特に小学校就学の始期に達する直前の年度の後半に見られるようになる姿である。「幼児期の終わりまでに育ってほしい姿」は、とりわけ子どもの自発的な活動としての遊びを通して、一人一人の発達の特性に応じて、これらの姿が育っていくものであり、全ての子どもに同じように見られるものではないことに留意すること。
健康な心と体	保育所の生活の中で、充実感をもって自分のやりたいことに向かって心と体を十分に働かせ、見通しをもって行動し、自ら健康で安全な生活をつくり出すようになる。
自立心	身近な環境に主体的に関わり様々な活動を楽しむ中で、しなければならないことを自覚し、自分の力で行うために考えたり、工夫したりしながら、諦めずにやり遂げることで達成感を味わい、自信をもって行動するようになる。
協同性	友達と関わる中で、互いの思いや考えなどを共有し、共通の目的の実現に向けて、考えたり、工夫したり、協力したりし、充実感をもってやり遂げるようになる。
道徳性・規範意識の芽生え	友達と様々な体験を重ねる中で、してよいことや悪いことが分かり、自分の行動を振り返ったり、友達の気持ちに共感したりし、相手の立場に立って行動するようになる。また、きまりを守る必要性が分かり、自分の気持ちを調整し、友達と折り合いを付けながら、きまりをつくったり、守ったりするようになる。
社会生活との関わり	家族を大切にしようとする気持ちをもつとともに、地域の身近な人と触れ合う中で、人との様々な関わり方に気付き、相手の気持ちを考えて関わり、自分が役に立つ喜びを感じ、地域に親しみをもつようになる。また、保育所内外の様々な環境に関わる中で、遊びや生活に必要な情報を取り入れ、情報に基づき判断したり、情報を伝え合ったり、活用したりするなど、情報を役立てながら活動するようになるとともに、公共の施設を大切に利用するなどして、社会とのつながりなどを意識するようになる。
思考力の芽生え	身近な事象に積極的に関わる中で、物の性質や仕組みなどを感じ取ったり、気付いたりし、考えたり、予想したり、工夫したりするなど、多様な関わりを楽しむようになる。また、友達の様々な考えに触れる中で、自分と異なる考えがあることに気付き、自ら判断したり、考え直したりするなど、新しい考えを生み出す喜びを味わいながら、自分の考えをよりよいものにするようになる。
自然との関わり・生命尊重	自然に触れて感動する体験を通して、自然の変化などを感じ取り、好奇心や探究心をもって考え言葉などで表現しながら、身近な事象への関心が高まるとともに、自然への愛情や畏敬の念をもつようになる。また、身近な動植物に心を動かされる中で、生命の不思議さや尊さに気付き、身近な動植物への接し方を考え、命あるものとしていたわり、大切にする気持ちをもって関わるようになる。
数量や図形、標識や文字などへの関心・感覚	遊びや生活の中で、数量や図形、標識や文字などに親しむ体験を重ねたり、標識や文字の役割に気付いたりし、自らの必要感に基づきこれらを活用し、興味や関心、感覚をもつようになる。
言葉による伝え合い	保育士等や友達と心を通わせる中で、絵本や物語などに親しみながら、豊かな言葉や表現を身に付け、経験したことや考えたことなどを言葉で伝えたり、相手の話を注意して聞いたりし、言葉による伝え合いを楽しむようになる。
豊かな感性と表現	心を動かす出来事などに触れ感性を働かせる中で、様々な素材の特徴や表現の仕方などに気付き、感じたことや考えたことを自分で表現したり、友達同士で表現する過程を楽しんだりし、表現する喜びを味わい、意欲をもつようになる。

　保育所児童保育要録（保育に関する記録）の記入に当たっては、特に小学校における子どもの指導に生かされるよう、「幼児期の終わりまでに育ってほしい姿」を活用して子どもに育まれている資質・能力を捉え、指導の過程と育ちつつある姿をわかりやすく記入するように留意すること。
　また、「幼児期の終わりまでに育ってほしい姿」が到達すべき目標ではないことに留意し、項目別に子どもの育ちつつある姿を記入するのではなく、全体的、総合的に捉えて記入すること。

■幼保連携型認定こども園園児指導要録の改善及び認定こども園こども要録の作成等に関する留意事項等について（通知）

各都道府県認定こども園担当部局
各都道府県私立学校主管部（局）
各 都 道 府 県 教 育 委 員 会
各指定都市、中核市子ども・子育て支援新制度担当部局　の長殿
各 指 定 都 市、 中 核 市 教 育 委 員 会
附属幼稚園、小学校及び特別支援学校を置く
　　　　　　　各国公立大学法人

府子本第３１５号
29 初 幼 教 第 17 号
子 保 発 0330 第 3 号
平成 30 年 3 月 30 日

内閣府子ども・子育て本部参事官（認定こども園担当）
（　　公　　印　　省　　略　　）
文部科学省初等中等教育局幼児教育課長
（　　公　　印　　省　　略　　）
厚生労働省子ども家庭局保育課長
（　　公　　印　　省　　略　　）

幼保連携型認定こども園園児指導要録の改善及び認定こども園こども要録の作成等に関する留意事項等について（通知）

　幼保連携型認定こども園園児指導要録（以下「園児指導要録」という。）は、園児の学籍並びに指導の過程及びその結果の要約を記録し、その後の指導及び外部に対する証明等に役立たせるための原簿となるものです。
　今般の幼保連携型認定こども園教育・保育要領（平成29年内閣府・文部科学省・厚生労働省告示第１号）の改訂に伴い、各幼保連携型認定こども園において園児の理解に基づいた評価が適切に行われるとともに、地域に根ざした主体的かつ積極的な教育及び保育の展開の観点から、各設置者等において園児指導要録の様式が創意工夫の下決定され、また、各幼保連携型認定こども園により園児指導要録が作成されるよう、園児指導要録に記載する事項や様式の参考例についてとりまとめましたのでお知らせします。
　また、幼保連携型以外の認定こども園における、園児指導要録に相当する資料（以下「認定こども園こども要録」という。）の作成等に関しての留意事項も示しましたのでお知らせします。
　つきましては、下記に示す幼保連携型認定こども園における評価の基本的な考え方及び園児指導要録の改善の要旨等並びに別紙及び別添資料（様式の参考例）に関して十分御了知の上、管内・域内の関係部局並びに幼保連携型認定こども園及び幼保連携型認定こども園以外の認定こども園の関係者に対して、この通知の趣旨を十分周知されるようお願いします。
　また、幼保連携型認定こども園等と小学校、義務教育学校の前期課程及び特別支援学校の小学部（以下「小学校等」という。）との緊密な連携を図る観点から、小学校等

においてもこの通知の趣旨の理解が図られるようお願いします。

　なお、この通知により、「認定こども園こども要録について（通知）」（平成21年1月29日付け20初幼教第9号・雇児保発第0129001号文部科学省初等中等教育局幼児教育課長・厚生労働省雇用均等・児童家庭局保育課長連名通知）及び「幼保連携型認定こども園園児指導要録について（通知）」（平成27年1月27日付け府政共生第73号・26初幼教第29号・雇児保発0127第1号内閣府政策統括官（共生社会政策担当）付参事官（少子化対策担当）・文部科学省初等中等教育局幼児教育課長・厚生労働省雇用均等・児童家庭局保育課長連名通知）は廃止します。

　本通知は、地方自治法（昭和22年法律第67号）第245条の4第1項の規定に基づく技術的助言であることを申し添えます。

記

1　幼保連携型認定こども園における評価の基本的な考え方
　　園児一人一人の発達の理解に基づいた評価の実施に当たっては、次の事項に配慮すること。
　⑴指導の過程を振り返りながら園児の理解を進め、園児一人一人のよさや可能性などを把握し、指導の改善に生かすようにすること。その際、他の園児との比較や一定の基準に対する達成度についての評定によって捉えるものではないことに留意すること。
　⑵評価の妥当性や信頼性が高められるよう創意工夫を行い、組織的かつ計画的な取組を推進するとともに、次年度又は小学校等にその内容が適切に引き継がれるようにすること。

2　園児指導要録の改善の要旨
　　幼保連携型認定こども園における養護は教育及び保育を行う上での基盤となるものであるということを踏まえ、満3歳以上の園児に関する記録として、従前の「養護」に関わる事項は、「指導上参考となる事項」に、また、「園児の健康状態等」については、「特に配慮すべき事項」に記入するように見直したこと。さらに、従前の「園児の育ちに関わる事項」については、満3歳未満の園児に関する記録として、各年度ごとに、「養護（園児の健康の状態等も含む）」に関する事項も含め、「園児の育ちに関する事項」に記入するように見直したこと。
　　最終学年の記入に当たっては、これまでの記入の考え方を引き継ぐとともに、特に小学校等における児童の指導に生かされるよう、「幼児期の終わりまでに育ってほしい姿」を活用して園児に育まれている資質・能力を捉え、指導の過程と育ちつつある姿を分かりやすく記入することに留意するよう追記したこと。
　　以上のことなどを踏まえ、様式の参考例を見直したこと。

3 実施時期

　　この通知を踏まえた園児指導要録の作成は、平成30年度から実施すること。なお、平成30年度に新たに入園（転入園含む。）、進級する園児のために園児指導要録の様式を用意している場合には様式についてはこの限りではないこと。

　　この通知を踏まえた園児指導要録を作成する場合、既に在園している園児の園児指導要録については、従前の園児指導要録に記載された事項を転記する必要はなく、この通知を踏まえて作成された園児指導要録と併せて保存すること。

4 取扱い上の注意
(1) 園児指導要録の作成、送付及び保存については、就学前の子どもに関する教育、保育等の総合的な提供の推進に関する法律施行規則（平成26年内閣府・文部科学省・厚生労働省令第2号。以下「認定こども園法施行規則」という。）第30条並びに認定こども園法施行規則第26条の規定により準用する学校教育法施行規則（昭和22年文部省令第11号）第28条第1項及び第2項前段の規定によること。なお、認定こども園法施行規則第30条第2項により小学校等の進学先に園児指導要録の抄本又は写しを送付しなければならないことに留意すること。
(2) 園児指導要録の記載事項に基づいて外部への証明等を作成する場合には、その目的に応じて必要な事項だけを記載するよう注意すること。
(3) 配偶者からの暴力の被害者と同居する園児については、転園した園児の園児指導要録の記述を通じて転園先の園名や所在地等の情報が配偶者（加害者）に伝わることが懸念される場合がある。このような特別の事情がある場合には、「配偶者からの暴力の被害者の子どもの就学について（通知）」（平成21年7月13日付け21生参学第7号文部科学省生涯学習政策局男女共同参画学習課長・文部科学省初等中等教育局初等中等教育企画課長連名通知）を参考に、関係機関等との連携を図りながら、適切に情報を取り扱うこと。
(4) 評価の妥当性や信頼性を高めるとともに、保育教諭等の負担感の軽減を図るため、情報の適切な管理を図りつつ、情報通信技術の活用により園児指導要録等に係る事務の改善を検討することも重要であること。なお、法令に基づく文書である園児指導要録について、書面の作成、保存、送付を情報通信技術を活用して行うことは、現行の制度上も可能であること。
(5) 別添資料（様式の参考例）の用紙や文字の大きさ等については、各設置者等の判断で適宜工夫できること。
(6) 個人情報については、「個人情報の保護に関する法律」（平成15年法律第57号）等を踏まえて適切に個人情報を取り扱うこと。なお、個人情報の保護に関する法令上の取扱いは以下の①及び②のとおりである。
　①公立の幼保連携型認定こども園については、各地方公共団体が定める個人情報保護条例に準じた取扱いとすること。

②私立の幼保連携型認定こども園については、当該施設が個人情報の保護に関する法律第2条第5項に規定する個人情報取扱事業者に該当し、原則として個人情報を第三者に提供する際には本人の同意が必要となるが、認定こども園法施行規則第30条第2項及び第3項の規定に基づいて提供する場合においては、同法第23条第1項第1号に掲げる法令に基づく場合に該当するため、第三者提供について本人（保護者）の同意は不要であること。

5　幼保連携型認定こども園以外の認定こども園における認定こども園こども要録の作成等の留意事項
　⑴幼保連携型認定こども園以外の認定こども園（以下「認定こども園」という。）においては、本通知「1　幼保連携型認定こども園における評価の基本的な考え方」及び「2　園児指導要録の改善の要旨」を踏まえ、別紙及び別添資料を参考に、適宜「幼保連携型認定こども園園児指導要録」を「認定こども園こども要録」に読み替える等して、各設置者等の創意工夫の下、認定こども園こども要録を作成すること。
　　なお、幼稚園型認定こども園以外の認定こども園において認定こども園こども要録を作成する場合には、保育所では各市区町村が保育所児童保育要録（「保育所保育指針の適用に際しての留意事項について」（平成30年3月30日付け子保発0330 第2号厚生労働省子ども家庭局保育課長通知）に基づく保育所児童保育要録をいう。以下同じ。）の様式を作成することとされていることを踏まえ、各市区町村と相談しつつ、その様式を各設置者等において定めることが可能であること。
　⑵5 ⑴に関わらず、幼稚園型認定こども園においては「幼稚園及び特別支援学校幼稚部における幼児指導要録の改善等について（通知）」（平成30年3月30日付け 29文科初第1814号文部科学省初等中等教育局長通知）に基づく幼稚園幼児指導要録を作成することが、また、保育所型認定こども園においては保育所児童保育要録を作成することが可能であること。その際、送付及び保存等についても、それぞれの通知に準じて取り扱うこと。
　　また、認定こども園こども要録を作成した場合には、同一の子どもについて、幼稚園幼児指導要録又は保育所児童保育要録を作成する必要はないこと。
　⑶認定こども園こども要録は、学級を編制している満3歳以上の子どもについて作成すること。なお、これは、満3歳未満に関する記録を残すことを妨げるものではないこと。
　⑷子どもの進学・就学に際して、作成した認定こども園こども要録の抄本又は写しを進学・就学先の小学校等の校長に送付すること。
　⑸認定こども園においては、作成した認定こども園こども要録の原本等について、その子どもが小学校等を卒業するまでの間保存することが望ましいこと。ただし、学籍等に関する記録については、20年間保存することが望ましいこと。
　⑹「3　実施時期」並びに「4　取扱い上の注意」の⑵、⑶及び⑷について、認定こども園においても同様の取扱いであること。

(7)個人情報については、個人情報の保護に関する法律等を踏まえて適切に個人情報を取り扱うこと。なお、個人情報の保護に関する法令上の取扱いは以下の①及び②のとおりである。

①公立の認定こども園については、各地方公共団体が定める個人情報保護条例に準じた取扱いとすること。

②私立の認定こども園については、当該施設が個人情報の保護に関する法律第2条第5項に規定する個人情報取扱事業者に該当し、原則として個人情報を第三者に提供する際には本人の同意が必要となるが、学校教育法施行規則第24条第2項及び第3項又は保育所保育指針第2章の4(2)ウの規定に基づいて提供する場合においては、同法第23条第1項第1号に掲げる法令に基づく場合に該当するため、第三者提供について本人（保護者）の同意は不要であること。

〔参考〕
内閣府 子ども・子育て支援新制度ホームページ
http://www8.cao.go.jp/shoushi/index.html
（内閣府ホーム ＞ 子ども・子育て支援 ＞ 認定こども園）

別紙

幼保連携型認定こども園園児指導要録に記載する事項

○ 学籍に関する記録

　学籍等に関する記録は、外部に対する証明等の原簿としての性格をもつものとし、原則として、入園時及び異動の生じたときに記入すること。

1　園児の氏名、性別、生年月日及び現住所

2　保護者（親権者）氏名及び現住所

3　学籍等の記録
　　(1)　入園年月日
　　(2)　転入園年月日
　　　　　他の幼保連携型認定こども園、幼稚園、特別支援学校幼稚部、保育所等から転入園してきた園児について記入すること。
　　(3)　転・退園年月日
　　　　　他の幼保連携型認定こども園、幼稚園、特別支援学校幼稚部、保育所等へ転園する園児や退園する園児について記入すること。
　　(4)　修了年月日

4　入園前の状況
　　当該幼保連携型認定こども園に入園する前の集団生活の経験の有無等を記入すること。

5　進学・就学先等
　　当該幼保連携型認定こども園で修了した場合には進学・就学した小学校等について、また、当該幼保連携型認定こども園から他園等に転園した場合には転園した園等の名称及び所在地等を記入すること。

6　園名及び所在地

7　各年度の入園（転入園）・進級時等の園児の年齢、園長の氏名、担当・学級担任の氏名
　　各年度に、園長の氏名及び満3歳未満の園児については担当者の氏名、満3歳以上の園児については学級担任者の氏名を記入し、それぞれ押印すること。（同一年度内に園長、担当者又は学級担任者が代わった場合には、その都度後任者の氏名を併記、押印する。）

※満3歳以上の園児については、学級名、整理番号も記入すること。なお、氏名の記入及び押印については、電子署名（電子署名及び認証業務に関する法律（平成12年法律第102号）第2条第1項に定義する「電子署名」をいう。）を行うことで替えることも可能である。

○ **指導等に関する記録**

指導等に関する記録は、1年間の指導の過程とその結果等を要約し、次の年度の適切な指導に資するための資料としての性格をもつものとすること。

【満3歳以上の園児に関する記録】
1　指導の重点等
　当該年度における指導の過程について次の視点から記入すること。
　①学年の重点
　　年度当初に教育課程に基づき、長期の見通しとして設定したものを記入すること。
　②個人の重点
　　1年間を振り返って、当該園児の指導について特に重視してきた点を記入すること。

2　指導上参考となる事項
　(1)次の事項について記入すること。
　　①1年間の指導の過程と園児の発達の姿について以下の事項を踏まえ記入すること。
　　・幼保連携型認定こども園教育・保育要領に示された養護に関する事項を踏まえ、第2章 第3の「ねらい及び内容」に示された各領域のねらいを視点として、当該園児の発達の実情から向上が著しいと思われるもの。その際、他の園児との比較や一定の基準に対する達成度についての評定によって捉えるものではないことに留意すること。
　　・園生活を通して全体的、総合的に捉えた園児の発達の姿。
　　②次の年度の指導に必要と考えられる配慮事項等について記入すること。
　　③最終年度の記入に当たっては、特に小学校等における児童の指導に生かされるよう、幼保連携型認定こども園教育・保育要領第1章総則に示された「幼児期の終わりまでに育ってほしい姿」を活用して園児に育まれている資質・能力を捉え、指導の過程と育ちつつある姿を分かりやすく記入するように留意すること。その際、「幼児期の終わりまでに育ってほしい姿」が到達すべき目標ではないことに留意し、項目別に園児の育ちつつある姿を記入するのではなく、全体的かつ総合的に捉えて記入すること。
　(2)「特に配慮すべき事項」には、園児の健康の状況等、指導上特記すべき事項がある場合に記入すること。

3　出欠状況
　　①教育日数
　　　　1年間に教育した総日数を記入すること。この教育日数は、原則として、幼保連携型認定こども園教育・保育要領に基づき編成した教育課程の実施日数と同日数であり、同一学年の全ての園児について同日数であること。ただし、年度の途中で入園した園児については、入園した日以降の教育日数を記入し、退園した園児については、退園した日までの教育日数を記入すること。
　　②出席日数
　　　　教育日数のうち当該園児が出席した日数を記入すること。

【満3歳未満の園児に関する記録】
4　園児の育ちに関する事項
　　満3歳未満の園児の、次の年度の指導に特に必要と考えられる育ちに関する事項、配慮事項、健康の状況等の留意事項等について記入すること。

別添資料

（様式の参考例）

幼保連携型認定こども園園児指導要録（学籍等に関する記録）

区分＼年度	年度	年度	年度	年度
学　級				
整理番号				

園児	ふりがな 氏　名		性　別	
	年　　月　　日生			
	現住所			

| 保護者 | ふりがな
氏　名 | |
| | 現住所 | |

入　園	年　月　日	入園前の 状　況	
転入園	年　月　日		
転・退園	年　月　日	進学・ 就学先等	
修　了	年　月　日		

| 園　名
及び所在地 | |

年度及び入園（転入園） ・進級時等の園児の年齢	年度 歳　か月	年度 歳　か月	年度 歳　か月	年度 歳　か月
園　長 氏名　印				
担当者 氏名　印				

年度及び入園（転入園） ・進級時等の園児の年齢	年度 歳　か月	年度 歳　か月	年度 歳　か月	年度 歳　か月
園　長 氏名　印				
学級担任者 氏名　印				

資料

(様式の参考例)

幼保連携型認定こども園園児指導要録（指導等に関する記録）

ふりがな		性別	指導の重点等	年度	年度	年度
氏名				（学年の重点）	（学年の重点）	（学年の重点）
年　月　日生				（個人の重点）	（個人の重点）	（個人の重点）

	ねらい（発達を捉える視点）	指導上参考となる事項			
健康	明るく伸び伸びと行動し、充実感を味わう。				
	自分の体を十分に動かし、進んで運動しようとする。				
	健康、安全な生活に必要な習慣や態度を身に付け、見通しをもって行動する。				
人間関係	幼稚園生活を楽しみ、自分の力で行動することの充実感を味わう。				
	身近な人と親しみ、関わりを深め、工夫したり、協力したりして一緒に活動する楽しさを味わい、愛情や信頼感をもつ。				
	社会生活における望ましい習慣や態度を身に付ける。				
環境	身近な環境に親しみ、自然と触れ合う中で様々な事象に興味や関心をもつ。				
	身近な環境に自分から関わり、発見を楽しんだり、考えたりし、それを生活に取り入れようとする。				
	身近な事象を見たり、考えたり、扱ったりする中で、物の性質や数量、文字などに対する感覚を豊かにする。				
言葉	自分の気持ちを言葉で表現する楽しさを味わう。				
	人の言葉や話などをよく聞き、自分の経験したことや考えたことを話し、伝え合う喜びを味わう。				
	日常生活に必要な言葉が分かるようになるとともに、絵本や物語などに親しみ、言葉に対する感覚を豊かにし、先生や友達と心を通わせる。				
表現	いろいろなものの美しさなどに対する豊かな感性をもつ。				
	感じたことや考えたことを自分なりに表現して楽しむ。				
	生活の中でイメージを豊かにし、様々な表現を楽しむ。				
			（特に配慮すべき事項）	（特に配慮すべき事項）	（特に配慮すべき事項）

出欠状況		年度	年度	年度
	教育日数			
	出席日数			

【満3歳未満の園児に関する記録】

園児の育ちに関する事項	年度	年度	年度	年度

学年の重点：年度当初に、教育課程に基づき長期の見通しとして設定したものを記入
個人の重点：1年間を振り返って、当該園児の指導について特に重視してきた点を記入
指導上参考となる事項：
　(1) 次の事項について記入
　　①1年間の指導の過程と園児の発達の姿について以下の事項を踏まえ記入すること。
　　　・幼保連携型認定こども園教育・保育要領に示された養護に関する事項を踏まえ、第2章第3の「ねらい及び内容」に示された各領域のねらいを視点として、当該園児の発達の実情から向上が著しいと思われるもの。
　　　　その際、他の園児との比較や一定の基準に対する達成度についての評定によって捉えるものではないことに留意すること。
　　　・園生活を通して全体的、総合的に捉えた園児の発達の姿。
　　②次の年度の指導に必要と考えられる配慮事項等について記入すること。
　(2)「特に配慮すべき事項」には、園児の健康の状況等、指導上特記すべき事項がある場合に記入
園児の育ちに関する事項：当該園児の、次の年度の指導に特に必要と考えられる育ちに関する事項や配慮事項、健康の状況等の留意事項等について記入

（様式の参考例）

幼保連携型認定こども園園児指導要録（最終学年の指導に関する記録）

ふりがな 氏名 　　年　月　日生 性別	指導の重点等	年度 （学年の重点） （個人の重点）		幼児期の終わりまでに育ってほしい姿 「幼児期の終わりまでに育ってほしい姿」は、幼保連携型認定こども園教育・保育要領第2章に示すねらい及び内容に基づいて、各園で、幼児期にふさわしい遊びや生活を積み重ねることにより、幼保連携型認定こども園の教育及び保育において育みたい資質・能力が育まれている園児の具体的な姿であり、特に
ねらい （発達を捉える視点）			健康な心と体	幼稚園生活の中で、充実感をもって自分のやりたいことに向かって心と体を十分に働かせ、見通しをもって行動し、自ら健康で安全な生活をつくり出すようになる。
健康	明るく伸び伸びと行動し、充実感を味わう。	指導上参考となる事項	自立心	身近な環境に主体的に関わり様々な活動を楽しむ中で、しなければならないことを自覚し、自分の力で行うために考えたり、工夫したりしながら、諦めずにやり遂げることで達成感を味わい、自信をもって行動するようになる。
	自分の体を十分に動かし、進んで運動しようとする。		協同性	友達と関わる中で、互いの思いや考えなどを共有し、共通の目的の実現に向けて、考えたり、工夫したり、協力したりし、充実感をもってやり遂げるようになる。
	健康、安全な生活に必要な習慣や態度を身に付け、見通しをもって行動する。		道徳性・規範意識の芽生え	友達と様々な体験を重ねる中で、してよいことや悪いことが分かり、自分の行動を振り返ったり、友達の気持ちに共感したり、相手の立場に立って行動するようになる。また、きまりを守る必要性が分かり、自分の気持ちを調整し、友達と折り合いを付けながら、きまりをつくったり、守ったりするようになる。
人間関係	幼稚園生活を楽しみ、自分の力で行動することの充実感を味わう。		社会生活との関わり	家族を大切にしようとする気持ちをもつとともに、地域の身近な人と触れ合う中で、人との様々な関わり方に気付き、相手の気持ちを考えて関わり、自分が役に立つ喜びを感じ、地域に親しみをもつようになる。また、幼稚園内外の様々な環境に関わる中で、遊びや生活に必要な情報を取り入れ、情報に基づき判断したり、情報を伝え合ったり、活用したりするなど、情報を役立てながら活動するようになるとともに、公共の施設を大切に利用するなどして、社会とのつながりなどを意識するようになる。
	身近な人と親しみ、関わりを深め、工夫したり、協力したりして一緒に活動する楽しさを味わい、愛情や信頼感をもつ。			
	社会生活における望ましい習慣や態度を身に付ける。			
環境	身近な環境に親しみ、自然と触れ合う中で様々な事象に興味や関心をもつ。		思考力の芽生え	身近な事象に積極的に関わる中で、物の性質や仕組みなどを感じ取ったり、気付いたり、考えたり、予想したり、工夫したりするなど、多様な関わりを楽しむようになる。また、友達の様々な考えに触れる中で、自分と異なる考えがあることに気付き、自ら判断したり、考え直したりするなど、新しい考えを生み出す喜びを味わいながら、自分の考えをよりよいものにするようになる。
	身近な環境に自分から関わり、発見を楽しんだり、考えたり、それを生活に取り入れようとする。			
	身近な事象を見たり、考えたり、扱ったりする中で、物の性質や数量、文字などに対する感覚を豊かにする。		自然との関わり・生命尊重	自然に触れて感動する体験を通して、自然の変化などを感じ取り、好奇心や探究心をもって考え言葉などで表現しながら、身近な事象への関心が高まるとともに、自然への愛情や畏敬の念をもつようになる。また、身近な動植物に心を動かされる中で、生命の不思議さや尊さに気付き、身近な動植物への接し方を考え、命あるものとしていたわり、大切にする気持ちをもって関わるようになる。
言葉	自分の気持ちを言葉で表現する楽しさを味わう。			
	人の言葉や話などをよく聞き、自分の経験したことや考えたことを話し、伝え合う喜びを味わう。		数量や図形、標識や文字などへの関心・感覚	遊びや生活の中で、数量や図形、標識や文字などに親しむ体験を重ねたり、標識や文字の役割に気付いたりし、自らの必要感に基づきこれらを活用し、興味や関心、感覚をもつようになる。
	日常生活に必要な言葉が分かるようになるとともに、絵本や物語などに親しみ、言葉に対する感覚を豊かにし、先生や友達と心を通わせる。		言葉による伝え合い	先生や友達と心を通わせる中で、絵本や物語などに親しみながら、豊かな言葉や表現を身に付け、経験したことや考えたことなどを言葉で伝えたり、相手の話を注意して聞いたりし、言葉による伝え合いを楽しむようになる。
表現	いろいろなものの美しさなどに対する豊かな感性をもつ。			
	感じたことや考えたことを自分なりに表現して楽しむ。		豊かな感性と表現	心を動かす出来事などに触れ感性を働かせる中で、様々な素材の特徴や表現の仕方などに気付き、感じたことや考えたことを自分で表現したり、友達同士で表現する過程を楽しんだりし、表現する喜びを味わい、意欲をもつようになる。
	生活の中でイメージを豊かにし、様々な表現を楽しむ。	（特に配慮すべき事項）		
出欠状況	年度 教育日数 出席日数			

学年の重点：年度当初に、教育課程に基づき長期の見通しとして設定したものを記入
個人の重点：1年間を振り返って、当該園児の指導について特に重視してきた点を記入
指導上参考となる事項：
　(1)次の事項について記入
　　①1年間の指導の過程と園児の発達の姿について以下の事項を踏まえ記入すること。
　　　・幼保連携型認定こども園教育・保育要領に示された養護に関する事項を踏まえ、第2章第3の「ねらい及び内容」に示された各領域のねらいを視点として、当該園児の発達の実情から向上が著しいと思われるもの。
　　　　その際、他の園児との比較や一定の基準に対する達成度についての評価によって捉えるものではないことに留意すること。
　　　・園生活を通して全体的、総合的に捉えた園児の発達の姿。
　　②次の年度の指導に必要と考えられる配慮事項等について記入すること。
　　③最終年度の記入に当たっては、特に小学校等における児童の指導に生かされるよう、幼保連携型認定こども園教育・保育要領第1章総則に示された「幼児期の終わりまでに育ってほしい姿」を活用して園児に育まれている資質・能力を捉え、指導の過程と育ちつつある姿を分かりやすく記入するように留意すること。その際、「幼児期の終わりまでに育ってほしい姿」が到達すべき目標ではないことに留意し、項目別に園児の育ちつつある姿を記入するのではなく、全体的、総合的に捉えて記入すること。
　(2)「特に配慮すべき事項」には、園児の健康の状況等、指導上特記すべき事項がある場合に記入すること。

おわりに

　皆さんの保育現場では、平成29年に告示された幼稚園教育要領、保育所保育指針、幼保連携型認定こども園教育・保育要領に基づいた教育・保育実践について検討されているかと思います。これまでと、どこがどう変わったのかなど丁寧に読み解きながら進められていることと思います。

　本書は、「要録」の意味と改正点を踏まえて、教育・保育実践のなかに要録をどのように位置づけるのかという点を大切にしました。要録は要領・指針の改正を受けての見直しですから、日々の実践と切り離して考えることはできません。幼稚園、保育所、認定こども園での教育は、小学校以上の教育とは異なり、日々の子どもの生活や遊びを通して方向づけられるものです。子どもの興味・関心から教育を組み立てるという幼児期の教育の独自性をしっかりとふまえて、小学校教育へと移行していけるように、また、ある程度の困難を自らの力で超えていけるような教育・保育を目指したいものです。

　「要録」の見直しにおいては、具体的な場を生きる子どもとの日々のありよう（教育・保育実践）に焦点をあてて、その日々が子どもにとって望ましい発達経験の積み重ねになっているのかを問うことと重ねて考える必要があります。そして、その経験を通して、どのような力（育みたい資質・能力、幼児期の終わりごろに子どもの生活や遊びのなかに具体的な10の姿となってあらわれるもの）を身につけているのかを意識することが重要です。そのような教育・保育の取り組みを記録することが重要になります（記憶だけでは忘れてしまったり、その内容が変形したりします）。その記録の積み重ねの先に要録が見えてきます。

　要録は、子どもの発達の見通しの上に立ち、それまでの園生活を通して育ってきた姿を小学校に伝えるためのものです。言葉を変えると、子どもが園生活を通して培ったものを各園が責任をもって次のステージへ引き継ぐ役割を担っています。

　要録の見直しにともない、これまでの日々の実践を振り返り、よりよい実践のための課題を見出し、できるところから実行することで、子どもの幸せにつながります。そのことに本書が貢献できれば、筆者一同の大いなる喜びです。

阿部和子

著者紹介　〈第1章・第2章〉

神長美津子（かみなが・みつこ）
國學院大學人間開発学部教授

阿部和子（あべ・かずこ）
大妻女子大学家政学部教授

〈第3章〉

大方美香（おおがた・みか）
大阪総合保育大学学長・教授

〈第4章〉

山下文一（やました・ふみひと）
松蔭大学コミュニケーション文化学部教授

幼稚園、保育所、認定こども園対応
子どもの育ちが見える「要録」作成のポイント

2018年11月10日　発行
2022年3月1日　初版第3刷発行

著　者　神長美津子、阿部和子、大方美香、山下文一
発行者　荘村明彦
発行所　中央法規出版株式会社
　　　　〒110-0016　東京都台東区台東3-29-1　中央法規ビル
　　　　Tel 03 (6387) 3196
　　　　https://www.chuohoki.co.jp/

編集　　　　　　　　株式会社こんぺいとぷらねっと
装幀・本文デザイン　SPAIS（熊谷昭典　宇江喜桜　小早谷幸）
カバーイラスト　　　妹尾香里
本文イラスト　　　　種田瑞子
印刷所　　　　　　　株式会社ルナテック

定価はカバーに表示してあります。
ISBN978-4-8058-5757-1

本書のコピー、スキャン、デジタル化等の無断複製は、著作権法上での例外を除き禁じられています。また、本書を代行業者等の第三者に依頼してコピー、スキャン、デジタル化することは、たとえ個人や家庭内での利用であっても著作権法違反です。
落丁本・乱丁本はお取替えいたします。

本書へのご質問について
本書の内容に関するご質問については、下記URLから「お問い合わせフォーム」にご入力いただきますようお願いいたします。
https://www.chuohoki.co.jp/contact/

関連書籍

幼稚園、保育所、認定こども園対応
**事例で学ぶ
「要録」の書き方ガイド**

著者　神長美津子、阿部和子、
　　　大方美香、山下文一
B5判／2019年6月発行
定価　本体1,600円（税別）

幼稚園、保育所、認定こども園対応
**配慮を必要とする子どもの
「要録」文例集**

著者　藤原里美
B5判／2021年11月発行
定価　本体1,800円（税別）